总第95辑 (2023.3)

中国审判指导丛书

民事审判指导与参考

最高人民法院民事审判第一庭 编

人民法院出版社

图书在版编目（CIP）数据

民事审判指导与参考. 总第95辑 / 最高人民法院民事审判第一庭编. -- 北京 : 人民法院出版社, 2024.4
（中国审判指导丛书）
ISBN 978-7-5109-4076-7

Ⅰ. ①民… Ⅱ. ①最… Ⅲ. ①民事诉讼—审判—中国—丛刊 Ⅳ. ①D925.118.2

中国国家版本馆CIP数据核字(2024)第031270号

民事审判指导与参考　2023 年第 3 辑（总第 95 辑）
最高人民法院民事审判第一庭　编

责任编辑　丁丽娜
出版发行　人民法院出版社
地　　址　北京市东城区东交民巷 27 号（100745）
电　　话　（010）67550608（责任编辑）　67550558（发行部查询）
65223677（读者服务部）
客服 QQ　2092078039
网　　址　http://www.courtbook.com.cn
E - mail　courtpress@sohu.com
印　　刷　河北鑫兆源印刷有限公司
经　　销　新华书店

开　　本　787 毫米×1092 毫米　1/16
字　　数　220 千字
印　　张　14.25
版　　次　2024 年 4 月第 1 版　2024 年 4 月第 1 次印刷
书　　号　ISBN 978-7-5109-4076-7
定　　价　68.00 元

特约编委

特约通讯员

北京高院	程惠炳	湖南高院	胡翔俊
天津高院	段昊博	广东高院	刘史丹
河北高院	郭　涛	广西高院	张　芳
山西高院	张华峰	海南高院	麦　琳
内蒙古高院	党宏艳	重庆高院	明　鹭
辽宁高院	郝　宁	四川高院	曾扬阳
吉林高院	岳　航	贵州高院	龙　龔
黑龙江高院	边世民	云南高院	王俊杰
上海高院	洪　波	西藏高院	旦增罗布
江苏高院	秦岸东	陕西高院	滕欣燕
浙江高院	陈逸群	甘肃高院	刘建军
安徽高院	王惠玲	青海高院	王　微
福建高院	杨　静	宁夏高院	宋成祥
江西高院	吴玉萍	新疆高院	马忠雄
山东高院	陈东强	兵团法院	张志伟
河南高院	刘　寒	军事法院	田昕鑫
湖北高院	王　艳		

目　　录

【理论前沿】

【涉彩礼纠纷专题】

【食品安全惩罚性赔偿典型案例专题】

【涉欠薪纠纷典型案例专题】

【涉农民事典型案例专题】

【地方法院案件解析】

【调研报告】

【民一庭法官会议纪要】

【人民法庭工作专栏】

“枫桥式人民法庭”创建重点问题解读

陈宜芳* 危浪平** 金诚轩***

为深入学习贯彻习近平法治思想，认真贯彻习近平总书记关于坚持和发展新时代“枫桥经验”重要批示指示精神，全面贯彻新时代“枫桥经验”纪念大会和全国调解工作会议精神，落实2022年中央1号文件创建一批“枫桥式人民法庭”的要求，做实为大局服务、为人民司法，更加注重强基导向，推动完善社会矛盾纠纷多元预防调处化解综合机制，推进基层治理体系和治理能力现代化，为中国式现代化提供有力司法服务，经党中央批准，最高人民法院在全国法院开展“枫桥式人民法庭”创建示范活动。从2023年开始到2035年，每两年评估一次，每次评估创建100家“枫桥式人民法庭”。创建示范活动要重点把握好以下三对关系。

一、处理好贯彻中央决策部署与创建引领示范的关系

目前，全国有1万多家人民法庭。深入贯彻新时代“枫桥经验”纪念大会和全国调解工作会议精神，充分发挥“枫桥式人民法庭”创建引领示范作用，做深新时代“枫桥经验”，做实指导调解法定职能，践行新

* 最高人民法院民事审判第一庭庭长。
** 最高人民法院民事审判第一庭综合办公室主任。
*** 最高人民法院民事审判第一庭二级高级法官助理。

时代能动司法理念促推诉源治理、社会治理、国家治理，意义十分重大。

（一）发挥“枫桥式人民法庭”践行新时代“枫桥经验”的引领示范作用

新时代“枫桥经验”，就是坚持和贯彻党的群众路线，在党的领导下，充分发动群众、组织群众、依靠群众解决群众自己的事情，做到“小事不出村、大事不出镇、矛盾不上交”。创建“枫桥式人民法庭”，要深入践行新时代“枫桥经验”四个立足的实践要求：第一，立足预防。人民法庭应当立足司法职能，坚持预防在前，最大限度避免和减少矛盾纠纷，及时运用司法资源对辖区纠纷类型、特点、趋势进行大数据研判预警，通过司法白皮书、针对性工作建议等方式，服务辖区党委政府科学决策，努力将矛盾消解于未然，将风险化解于无形。第二，立足调解。就四级法院职能定位看，不同层级法院职能定位不同，对于最基层的人民法庭，化解矛盾、定分止争是第一位的，要坚持把非诉讼纠纷解决机制挺在前面，把调解贯穿矛盾纠纷预防化解工作始终，做到应调尽调、能调尽调；要立足专业优势，履行指导调解法定职能，推动发挥调解在矛盾纠纷预防化解中的基础性作用。第三，立足法治。人民法庭要立足依法履职，运用法治思维和法治方式预防化解矛盾纠纷。新时代“枫桥经验”的最大创新发展，就是把各种矛盾纠纷预防化解方式纳入法治轨道，要立足于依法自愿调解，调解不成的依法受理、判决，让人民群众在法律框架下分清是非、在权利义务统一中判断对错，从根本上实现定分止争。第四，立足基层。人民法庭要立足基层优势，就地实质解决人民群众反映的各类矛盾问题。基层既是产生利益冲突和社会矛盾的“源头”，也是协调利益关系和疏导社会矛盾的“茬口”。人民法庭应当强化与当地“矛调中心”“诉源治理中心”“综治中心”等衔接协同，充分利用网格化管理机制平台，发挥网格员、特邀调解员作用，推动“两所一庭”辖区治理信息共享和“庭所联动”，促进基层纠纷源头实质化解，推动多发性、爆发性、群体性纠纷及时联合化解。

（二）发挥"枫桥式人民法庭"贯彻新时代能动司法理念的引领示范作用

最高人民法院院长张军强调，在办理具体案件过程中，以让人民群众感受到公平正义为目标，在法律框架内，努力寻求案件处理最佳方案，这是能动司法的要求；在积极主动融入国家治理、社会治理进程中，自觉做实讲政治、顾大局，厚植党的执政根基，更是能动司法的要求。人民法庭贯彻落实新时代能动司法理念，要做到以下几个方面：第一，坚持抓前端、治未病理念。全国人民法庭年人均办案达230件。面对涌入法庭的大量案件，人民法庭应当通过办案关注、思考类案成因，特别是明显升降的原因等，加强审判工作研究，提升审判质效；并视情提出司法建议，协调助推落实，不仅有助于个案处理，更主动融入国家和社会治理。还要会同司法所做好对人民调解的业务指导，促进、助力不发生、少发生矛盾纠纷，矛盾纠纷发生后不出乡村、社区就能解决，真正把矛盾纠纷化解在基层、解决在萌芽状态。第二，坚持双赢多赢共赢理念。司法是国家治理的重要手段，人民法庭在矛盾纠纷预防化解体系中必须践行讲政治、顾大局，运用司法职能权威、公信优势，主动与社会解纷、基层综治等资源力量构建工作合力。既要"引进来"有效化解矛盾，规范邀请人民调解、律师调解、行业调解等解纷资源入驻人民法庭，积极参与成讼案件化解工作，不断增强诉前解纷功能，更要"走出去"加强解纷指导，紧紧依靠辖区党委领导，加强与乡镇（街道）政府、各调解组织的信息通报和协调联动，助力、指导、支持各类解纷力量，实现矛盾纠纷前端化解、实质化解。既有效防止矛盾纠纷轻易成讼，又有力缓解案多人少矛盾，把"引进来"做成更为有效"走出去"的双赢机制、多赢探索、共赢实践。第三，坚持案结事了、政通人和理念。新时代"枫桥经验"的科学内涵和实践要求更加注重预防矛盾、实质性化解矛盾，努力做实矛盾不上交、解纷程序不空转。这一精神要贯彻落实到司法诉讼全过程各方面。矛盾纠纷进入审理程序后，更要注重实质化解，人民法庭不能就案办案，应当根据案件具体情况，在自由裁量范围内寻求最佳处理效果；必须把案结事了、实质性化解贯穿案件审理始终。人民法庭审理案件，要把化解矛盾、服判息诉的功课做到极致，尽量避免进入后续诉讼程序；作出判决时要考虑执行工作，避免判而不能执、再生执行异议等纠纷；裁判本案时要考虑是否会引发关联多案，进而选择最合适裁判方案。

（三）发挥“枫桥式人民法庭”推动形成新时代调解工作格局的引领示范作用

人民法庭工作要深入贯彻全国调解工作会议精神，强化预防在前、调解优先、依法调解、实质调解理念，准确把握不同类型调解的特点规律，推动在基层形成调解工作新格局，充分发挥调解的基础性作用。第一，推动做实人民调解。人民调解在大调解格局中处于基础性地位。依靠群众及时就地化解矛盾，实现小事不出村、大事不出镇，主要靠村居、乡镇的人民调解。目前，全国有人民调解委员会 69.3 万个，人民调解员 317.6 万名，2022 年全国村（社区）、乡镇（街道）调委会直接调解矛盾纠纷 672.9 万件。人民法庭要积极支持司法行政机关加强规范化建设，推动实现人民调解组织依法设立、人员充实、制度健全、工作规范；要积极支持司法行政机关加强人民调解队伍建设，支持从退休法院干警、各类法律服务工作者、社会专业人士中选聘人民调解员，积极开展业务培训，大力支持专职人民调解员队伍建设；助力推动完善考核评价标准，切实发挥“指挥棒”作用，将降低民间纠纷成讼情况作为正向激励依据，促进解纷职能充分发挥，多渠道推动人民调解工作有效展开。第二，推动开展行业性专业性调解。自 2014 年以来，全国人民调解组织每年调解行业、专业领域矛盾纠纷达 140 万件以上。人民法庭要根据各地实际支持和指导开展道交事故、建工合同、劳动争议、婚姻家事、贸易投资、金融知产、房地产等领域行业性、专业性调解；大力支持、有力指导新兴业态、互联网等重点行业领域调解工作，做实案结事了、政通人和；

重视、助推律师调解工作，依法支持律师在代理诉讼案件过程中促调、促和工作，完善律师参与诉前、诉讼调解机制，提升律师调解工作社会认可度，引导推动前述专业性强的商事纠纷，通过律师调解渠道妥善化解。第三，依法做好司法调解。对已经形成的纠纷，首先要推动发挥仲裁、人民调解、行政调解等非诉讼方式的解纷作用；解决不了或者当事人起诉至人民法庭的纠纷，要依法认真开展诉前调解、诉中调解，促进实质化解。司法调解应当征得当事人同意，当事人不同意诉前调解的，应当严格依照立案登记制有关要求，依法受理案件；不同意诉中调解的，当判则判，坚决防止强迫调解、久调不决等问题。第四，切实加强协调联动。人民法庭会同司法行政机关共同履行好指导调解法定职能，推动在基层形成以人民调解为基础，各类调解优势互补、有机衔接、协调联动格局。通过组织人民调解员旁听庭审、组织开展业务培训、制发常见纠纷业务指导案例、设立人民调解指导员、依法确认调解协议并定期分析反馈调解协议确认情况等方式，实现对调解业务的常态化指导。人民法庭及其所在地基层法院定期向乡镇司法所、乡镇政府、市县司法局通报民间纠纷成讼情况，基层和中级法院报告同级党委政法委，并在党委领导下，推动形成辖区矛盾纠纷共同分析、预判、处理等机制，会同司法所建立民间矛盾纠纷可能激化或者引发“民转刑”等恶性事件的双向预警通报机制。

二、处理好抓实创建标准与做实人民法庭工作的关系

“枫桥式人民法庭”创建标准聚焦政治建设、执法办案、源头治理、非诉解纷、群众工作、基础建设等六个方面，目的是通过全面创建推进全国人民法庭做实各项工作，使人民法庭在矛盾纠纷源头治理阶段，把诉调对接的“调”向前延伸，“抓前端、治未病”，促推诉源治理，切实预防和减少矛盾纠纷发生；在矛盾纠纷初期，坚持把非诉讼纠纷解决机制挺在前面，做实指导调解法定职能，推动形成“社会调解优先”格局；在矛盾纠纷进入司法程序后，准确查明事实、适用法律，防止诉讼程序

空转、实质化解矛盾纠纷，筑牢守护社会公平正义的最后一道防线。通过抓实创建标准，优化法庭布局、优化资源配置、优化职能发挥，结合辖区地域特色、文化特点和经济社会发展程度，推动人民法庭整体工作高质量发展。

（一）推动矛盾纠纷源头治理

第一，强化党建引领。人民法庭要落实“支部建在庭上”“党小组建在审判团队上”要求，实现党的组织和党的工作全覆盖，推进人民法庭党支部标准化、规范化建设，把党建引领贯穿人民法庭工作全过程各方面。增强人民法庭党建品牌对外辐射能力，推进人民法庭党组织与城乡基层党组织广泛开展联建共建，强化党建引领诉源治理工作。第二，推动基层矛盾纠纷实质化解。人民法庭要积极支持开展“全国民主法治示范村（社区）”“无讼”村（社区）等创建，培育乡村“法治带头人”“法律明白人”等，发挥引领示范作用，提升法治意识。建立人民法庭与基层组织有效对接机制，推动提升村民委员会、居民委员会等基层自治组织矛盾纠纷预防化解能力，依法指导制定村规民约，探索推动村级组织负责人出庭应诉，有效提升基层干部群众法治观念。采取有效措施积极推动人民法庭所在辖区党委将村（社区）及重点行业的万人起诉率纳入平安中国建设考核指标，将万人起诉率作为“无讼”村（社区）创建以及基层社会治理成效的重要检验。第三，明确人民法庭参与途径。对没有形成纠纷但具有潜在风险的社会问题，及时向村（社区）、乡镇（街道）、有关主管机关或者其他有关单位、行业协会等提出法律风险防控预案，推动防范辖区重大项目实施等存在的法律风险和治理风险；对已经发生矛盾纠纷的社会问题，适时依法提出可能适用的法律依据以及相应裁判尺度，但是不宜在诉讼外对已经立案的纠纷提出处理意见。第四，推动凝聚纠纷化解合力。人民法庭要加强与基层政府和调解组织等的信息通报和协调联动，助力、指导、支持各类解纷力量发挥作用，实现多赢双赢共赢。人民法庭要推动健全完善符合辖区经济社会发展、地域文化特点的矛盾纠纷预防化解机制，有效建立健全与派出所、司法所、农村土地承包仲裁委员会等基层政法单位和矛盾纠纷调处机构的常态化协作机制，整合解纷资源，对不同阶段和性质的矛盾纠纷分工协作，促进事实清楚、争议不大的纠纷在村镇（社区、街道）范围内解决。

（二）坚持把非诉讼纠纷解决机制挺在前面

第一，加强当事人程序选择引导。人民法庭要在诉讼服务、法治宣传以及指导制定村规民约等工作中提供非诉讼纠纷解决指引，提高当事人、代理律师、法律服务工作者等非诉讼纠纷解决意识。在人民法庭显著位置公示非诉讼纠纷解决流程及优点，做好诉前引导，案件受理前充分释明优势特点，鼓励和引导当事人优先选择成本较低、对抗性较弱、有利于修复关系的途径化解纠纷。第二，推动类型化纠纷多元化解机制建设。人民法庭及其所在地中基层法院要积极争取当地党委政府支持，因地制宜推动道路交通事故损害赔偿、民间借贷、婚姻家庭、商品房买卖、金融消费、物业管理、劳动争议、医疗卫生、消费者权益保护、土地承包等类型化纠纷预防化解机制建设，推动纳入一站式矛盾纠纷多元化解体系建设，形成常态化工作机制。深化人民法院调解平台“进乡村、进社区、进网格”工作实践，进一步扩大人民法庭与基层有关单位对接覆盖面，增强实质性预防化解纠纷能力，在线集约集成乡镇社区干部、网格员、法律工作者等解纷力量，实现矛盾纠纷在线多元化解。第三，推动做实各类调解。人民法庭及其所在地中基层法院要推动做实人民调解、专业性行业性调解，重视、助推律师调解、商业调解，促推各类调解协调联动，助力形成新时代调解工作格局。人民法庭要强化诉前委派调解、诉中委托调解的实践应用，对适宜通过调解方式解决的案件，在征得双方当事人同意后，可以委派或者委托进行调解，满足人民群众多渠道化解纠纷需求；要加强对特邀调解员业务指导和培训，提高矛盾纠纷预防化解能力；要完善司法确认对接线上平台，充分发挥法院专业、权威、可强制执行等优势，推动形成快立快办、覆盖全面、衔接紧密、运转顺畅的司法确认机制。人民法庭及其所在地法院要积极引导当事人主动履行调解协议，在调解员薪酬激励、法官绩效考核等方面有效探索创新，尽可能减少纠纷进入执行等后续程序。要充分依靠当地人大代表、政协委员等，推动创建调解品牌，助力矛盾纠纷就地实质化解。

（三）坚持执法办案与诉源治理一体推进

第一，促进案件实质性解决。人民法庭及其所在地中基层法院要牢固树立案结事了、政通人和理念，通过依法落实多诉合一、加强审判业务指导等方式促推法院内部诉源治理，进一步深化诉源、执源、信源治理，努力从源头上减少上诉、申诉、再审、执行和信访等衍生案件，推动“案-件”比指标达到全省（市、区）人民法庭较好水平；对当事人拖延诉讼、虚构法律关系逃废债务等规避法律责任的行为，要依照民事诉讼法等相关规定处罚，大力破解此类难题；要不断提高自动履行率、服判息诉率水平，将调解率、撤诉率维持在合理范围，不得直接或者变相因审限到期等因素要求当事人撤诉，避免诉讼程序空转。第二，推进案件繁简分流。人民法庭要优化诉讼流程、审判管理、绩效考核，依法综合运用督促程序、司法确认程序、小额诉讼程序、简易程序、独任制审理等，依法正确适用令状式、要素式、表格式等裁判文书。要依法适用“分调裁审”机制，在合理期限内审结速裁、快审案件，依法推广适用小额诉讼程序，依法缩短送达期限、鉴定期限，确保案件在较短期限内审结。除宣告死亡等特殊类型或者其他法定事由案件外，确保评定周期内没有一年以上长期未结案件。第三，发挥典型案例引领示范作用。要总结人民法庭参与诉源治理典型经验做法，打造亮点特色鲜明的诉源治理品牌。要审慎处理涉社会伦理、公共道德等社会敏感度高的案件，寓法于理，以案释法，加强人民法庭司法公信力建设。要对具有示范意义的案件开展巡回审判，对辖区内常见多发性、典型性案件的审理形成高效可复制的办案模式，公开相关裁判规则，建立典型案例精准推送机制，引导当事人参照示范判决结果协商解决涉众型和类型化纠纷。要推进完善人民法庭直接立案或者基层法院派驻立案机制，推动人民法庭作为立案协作端实现跨地域立案；对人民法庭审结的案情简单、争议不大、标的额较小或者财产在辖区范围内的案件以及由人民法庭执行更加方便人民群众的案件，探索建立人民法庭直接执行机制或者基层法院派驻执行组执行机制。第四，加强基层法治宣传引导。以邀请基层干部群众旁听庭审、公开宣判、以案说法、送法下村、讲法在线等形式开展法治宣传，让人民群众“零距离”感受到公平正义，使人民法庭成为基层法治教育的课堂。人民法庭要运用社会主义核心价值观释法说理，积极引领社会风气向上向善，从根本上减少社会矛盾纠纷；加大对虚假诉讼、恶意诉讼、滥诉等非诚信诉讼行为处罚力度，发现一起打击一起宣传一起。

（四）坚持强基导向，加强人民法庭自身建设

第一，加强人民法庭队伍建设。所在地基层法院要在核定范围内合理配置人力编制资源，积极缓解、化解人民法庭“人案矛盾”“人事矛盾”，落实基层法院机关与人民法庭人员之间定期轮岗交流机制，具有三年以上人民法庭工作经历的人员在入额遴选、晋职晋级、领导干部选任时同等条件下优先考虑。所在地高级法院要积极争取有关部门支持，按照聘用制书记员管理相关规定，健全完善人民法庭聘用制书记员招聘机制；根据审判工作需要，结合当地实际，探索建立聘用制书记员联合培养、定向招聘模式，委托定点学校招生、培养，毕业后回原籍人民法庭工作。第二，健全经费保障机制。所在地三级法院要推动将人民法庭建设作为基本公共服务体系建设的重要内容，积极争取当地党委政府对财物保障、经费支出等方面的支持；推动将人民法庭各项经费纳入法院部门预算管理，积极落实人民法庭各项经费全额保障。实施省以下地方法院财物省级统管的地区，所在地三级法院要根据事权与财权相统一的原则，积极争取由当地财政保障人民法庭服务保障辖区经济社会发展的经费。所在地高级法院要推动落实关于乡镇机关、事业单位工作人员实行乡镇工作补贴的相关规定。人民法庭要结合地域特点、文化特色和当地

实际，通过法治文化长廊等形式加强文化建设。第三，加强干警履职保障。所在地三级法院要积极参与建设、运用与人民法庭工作相关的网络信息平台，既能对外有效展现宣传工作风貌，又能对内研判工作优势和不足。人民法庭要全面落实“人防、物防、技防”措施，配备专门安保人员，鼓励与辖区派出所建立健全人民法庭安保常态化工作机制、紧急警情处理机制或者设立驻庭警务室。所在地高级法院要加强人民法庭业务培训，用好用活“法答网”，紧贴基层司法需求，针对人民法庭普遍反映的法律适用疑难问题，要及时总结提炼，提供业务指导。第四，完善法庭管理机制。所在地人民法院要结合辖区实际，建立健全符合人民法庭工作特点的专门考核办法，综合考虑执法办案、指导调解、诉源治理等因素，适当增加诉源治理、诉前调解等考核权重，重点考核“化解矛盾”质效，提高“巡回审判”“示范诉讼”“普法宣传”等专项工作考核分值比重；坚决清理、取消不合理、不必要的考评项目和指标，切实为基层减负，为干警减压。人民法庭及所在地中基层法院要定期或者不定期向当地党委汇报人民法庭工作，推动把加强人民法庭工作纳入党委政府总体工作格局，作为提升矛盾纠纷预防化解法治化水平的重要任务。

三、处理好加强创建管理与考评指标体系达标的关系

创建示范活动坚持“先创建、后评定”，凡是达到《人民法院法庭建设标准》等文件所规定标准，贯彻实施《最高人民法院关于推动新时代人民法庭工作高质量发展的意见》效果好的人民法庭，均可自愿申报参加创建活动；凡是不符合上述申报资格的法庭，均要加强法庭建设，努力符合申报标准，激发全国人民法庭创建热情。根据《创建示范活动管理办法（试行）》等相关政策规定，要加强创建管理，推动全国人民法庭努力实现考评指标体系达标，推动面上工作出成效，助推人民法庭建设实现大发展、基层治理能力实现大跨越，促进人民群众获得感实现大提升。

（一）加强组织实施，助推创建达标

第一，最高人民法院加强“枫桥式人民法庭”创建的组织领导和总体协调，统筹设置完善创建考评标准，动态优化考评方法，加强政策指导和培育引导，会同各地法院推动辖区人民法庭在评估周期内达到考评指标要求。第二，各高级法院要加强统筹部署，中基层法院要主动向同级党委汇报创建工作，组织辖区人民法庭因地制宜制订创建工作方案，结合辖区基层矛盾纠纷特点，强化工作措施，努力解决创建过程中的问题和困难，推动其在评估周期内达到考评指标要求，特别要积极争取地方党委领导、政府支持，推动部分非人民法庭主导的创建指标达标。第三，各高级法院根据本地实际，可以成立有本院政工部门、人民法庭工作指导部门、立案部门等参加的创建工作领导小组，可以在同级党委政法委领导下，视情邀请司法行政机关、农业农村部门或者乡村振兴机构等参加，做好本地区创建活动的组织、指导和协调工作。

（二）推进依规创建，减轻基层负担

第一，不得层层开展“枫桥式人民法庭”创建示范活动，各地已经开展的相关工作统一调整纳入本次创建示范项目中一体推进，可以结合本地实际针对性优化创建指标，但不得层层加码，切实减轻基层负担。第二，原则上，前半个周期开展创建工作，后半个周期边创建边评定。基层法院根据创建标准，组织评估验收，研究推荐评估验收合格对象，可以征求相关指标涉及的同级相关部门意见建议。由中级以上法院对前述评估验收对象审核把关，采取公开、公平、公正的方式全面审查、实地考察，经各级法院党组研究通过后逐级报送，确保创建实效和质量。第三，评估验收结果通过最高人民法院网站和微信公众号等方式向社会公示，主动接受社会监督。最高人民法院对省级验收评估合格的人民法庭复核审查，必要时实地考察，验收评估合格经公示后，以挂牌命名“枫桥式人民法庭”的形式予以认定，并向社会公布。第四，“枫桥式人民法庭”挂牌后，所在地基层法院每年组织一次自查，所在地中级以上法院每两年进行一次复查，最高人民法院每四年进行一次复核。

（三）严格把握指标，促进长效考评

第一，“枫桥式人民法庭”创建，坚持群众路线，主动接受群众监督，把群众是否满意作为衡量和检验活动成效的根本标准。对于不符合创建考评指标体系的，坚决不予认定挂牌。出现否定性指标情形的，例如近三年来发生过严重违纪违法事件，两年来辖区内发生过涉诉讼的重大敏感“民转刑”案件等，创建中“一票否决”。有鼓励性指标情形的，创建中作为加分项。第二，对疏忽执法办案和矛盾纠纷预防化解职责任务，推动创建“枫桥式人民法庭”工作不力的，所在地各级法院要采取有效措施，及时整改；对于出现重大问题、严重影响人民法院形象、声誉的（包括前述否定性指标情形），由所在地高级法院查清事实、提出处理意见，由最高人民法院视情况给予批评警告、责令限期整改，直至撤销“枫桥式人民法庭”命名。第三，对不再符合考评标准或者创建过程中存在弄虚作假行为的“枫桥式人民法庭”，所在地基层以上法院可以逐级提出撤销命名意见，经最高人民法院审核批准后撤销命名；最高人民法院也可以直接撤销命名。

（四）及时总结经验，推动工作发展

以新时代人民法庭建设案例为抓手，充分发挥“枫桥式人民法庭”建设研究基地的理论支撑作用，加强“枫桥式人民法庭”创建情况交流，不断找出问题、解决问题，不断巩固创建活动取得的成效，及时总结不同类型人民法庭化解社会矛盾、促推诉源治理、融入基层治理的经验做法，利用多种方式予以宣传推广，充分发挥“枫桥式人民法庭”引领带动作用，为人民司法事业和全面推进乡村振兴营造建功立业良好氛围。

构建“枫桥式人民法庭”创建标准的“四梁八柱”

任 勇*

20世纪60年代初，浙江诸暨市枫桥基层干部群众在实践中创造了“发动依靠群众，坚持矛盾不上交，就地解决，实现捕人少，治安好”的“枫桥经验”。此后，“枫桥经验”在实践中得到不断发展，尤其是党的十八大以来，党和国家事业取得历史性成就，形成了以坚持和贯彻党的群众路线，在党的领导下，充分发动群众、组织群众、依靠群众解决群众自己的事情，做到“小事不出村、大事不出镇、矛盾不上交”的新时代“枫桥经验”。新时代“枫桥经验”最重要的成果和最鲜明的特色就是实现自律和他律、刚性与柔性、治身与治心、人力与科技相统一，其适用范围逐步从农村拓展到城市、社区、网络等不同空间场域，从社会治安领域扩展到政治、经济、文化、社会、生态等诸多新领域，并成为推动国家治理能力与治理体系现代化最为重要的内生性治理经验之一，为建设更高水平的平安中国和实现全面依法治国奠定坚实基础。

党的二十大报告提出“在社会基层坚持和发展新时代‘枫桥经验’，完善正确处理新形势下人民内部矛盾机制”，为我们今后相当长一个时期践行新时代“枫桥经验”指明了方向。当前各地各部门纷纷围绕坚持和贯彻党的群众路线，依靠基层组织和广大群众，立足预防、调解、法治、

* 最高人民法院民一庭“枫桥式人民法庭”建设（华东政法大学）研究基地副主任，华东政法大学政府管理学院院长、新时代“枫桥经验”与中国式现代化研究院执行院长。

基层，做到预防在前、调解优先、运用法治、就地解决，推进新时代“枫桥经验”实践作出有益探索，基层涌现出不少好经验、好做法。全国各地人民法院也在很多领域形成了新时代“枫桥经验”的生动实践，取得积极成果，推动了新时代新发展阶段人民法院工作高质量发展。最高人民法院贯彻落实中央决策部署，经党中央批准，设立“枫桥式人民法庭”创建示范项目，至2035年，每两年从全国人民法庭中创建100家“枫桥式人民法庭”。作为基层矛盾纠纷实质化解的最重要基层组织载体之一，“枫桥式人民法庭”创建既是最高人民法院认真贯彻落实党的二十大精神，推进人民法庭高质量发展的重要举措之一，也是做实人民法院指导调解法定职能，推动提升矛盾纠纷预防化解法治化水平，促进诉源治理、社会治理、国家治理一体化推进的重要内容。在此背景下，“枫桥式人民法庭”创建必将成为今后很长一段时间人民法院实践新时代“枫桥经验”的重要工作，如何合理科学确定“枫桥式人民法庭”创建标准并作适应性调整，就成为当前理论和实践重要议题之一。

一般意义上看，科学合理确定“枫桥式人民法庭”创建标准必须立足中国实际，立足依法充分发挥人民法庭职能作用、立足人民法庭服务基层群众的基本面向，通过“枫桥式人民法庭”创建推动人民法庭建设实现大发展，助推基层社会治理能力实现大跨越，促进人民群众司法公正获得感得到大提升。因此，当前要更加关注“枫桥式人民法庭”创建标准“四梁八柱”，只有这些事关创建标准的基本原则、架构得以明确，才能更好推进“枫桥式人民法庭”创建具体工作。作为新时代“枫桥经验”在人民司法领域的重要体现，其创建标准既要体现新时代“枫桥经验”核心内涵和实践要求，又要符合人民法庭高质量发展的战略设计和发展规律，进而为建设中国特色社会主义法治体系、建设社会主义法治国家提供良好基础支撑。作为中国特色社会主义法治道路的重要组成部分，“枫桥式人民法庭”创建必须坚持党的绝对领导，必须坚持以人民为中心的发展思想，必须坚持马克思主义体现的人民立场与“和为贵”“无讼”等中华优秀传统文化相结合，必须坚持就地依法解决矛盾，必须坚持人民法庭高质量发展等基本原则，以此构建“四梁八柱”。基于以上原则，我们可以考虑围绕政治建设、执法办案、源头治理、非诉解纷、群众工作、基础建设等六个方面，统筹兼顾以确立“枫桥式人民法庭”创建标准“四梁八柱”，合理设计相应创建指标以及相应程序，将“枫桥式人民法庭”创建工作持续推进下去，形成人民法院实践新时代“枫桥经验”、参与基层社会治理的重要品牌和抓手。

一、关于政治建设

中国共产党的领导是中国特色社会主义最本质特征。党的领导是社会主义法治之魂，是我国法治与西方资本主义国家法治最大的区别。离开党的领导，全面依法治国就难以有效推进，社会主义法治国家就建立不起来，中国特色社会主义法治道路就无法实现。党的全面领导和我国社会主义制度优势，既为人民法院做深做实新时代‘枫桥经验’提供了根本保证，也为“枫桥式人民法庭”创建提供根本性指向。在当下，基层社会矛盾纠纷越复杂越多样，就越要发挥党总揽全局、协调各方的政治优势，因此人民法庭要紧紧依靠党委领导，加强与政府相关职能部门、各解纷组织的信息通报和协调联动，助力、指导、支持各类解纷力量发挥作用。所以“枫桥式人民法庭”创建要落实“支部建在庭上”“党小组建在审判团队上”的基本要求，实现党的组织和党的工作全覆盖，推进人民法庭党支部标准化、规范化建设，将党建引领贯穿于人民法庭工作的全过程、各方面，增强人民法庭党建品牌对外辐射能力，针对性开展政治教育、党性教育、忠诚教育、形势教育。以提升人民法庭组织力为重点，增强干警政治判断力、政治领悟力、政治执行力，将人民法庭党建工作与人民法庭中心工作有机结合起来。加强人民法庭内部管理，严格落实“三个规定”等铁规禁令，完善人民法庭内部管理和日常监督制度，将近三年发生严重违纪违法事件纳入创建的“一票否决”当中。

二、关于执法办案

以往很多基层实践已经证明，人民法庭是否能够坚持执法办案，事关司法公信力以及筑牢守护基层人民群众社会公平正义的最后防线。所以，在“枫桥式人民法庭”创建中要围绕关系基层人民群众切身利益重点领域以及“急难愁盼”问题进行重点执法，坚持严格规范公正文明执法司法，让基层人民群众感受到公平正义就在身边。一要依法完善多诉合一，通过加强审判业务指导等方式推动法院内部诉源治理。进一步深化诉源、执源、信源治理，努力从源头上减少上诉、申诉、再审、执行和信访等衍生案件。促进案件实质性解决，将调解率、撤诉率维持在合理范围，避免诉讼程序空转，可以考虑将自动履行率、服判息诉率水平作为创建的重要指标之一。二要优化诉讼流程管理，推进案件繁简分流。依法综合运用督促程序、司法确认程序、小额诉讼、简易程序、独任制等，正确适用令状式、要素式、表格式等裁判文书，依法适用“分调裁审”机制，在合理期限内审结速裁、快审案件，依法推广适用小额诉讼程序，依法减短送达期限、鉴定期限，确保案件在较短期限内审结，考虑将“纠纷在庭时间”等要素纳入创建指标。三要重视建立在司法公信力基础上的人民法庭功能完善。创建过程中要积极鼓励对辖区内多发性、典型性案件审理，形成高效可复制办案模式，统一裁判尺度，公开相关裁判规则，建立典型案例精准推送机制，引导当事人参照示范判决结果协商解决涉众型和类型化纠纷，审慎处理社会敏感案件。发挥人民法庭面向基层优势，以案释法、以案普法，提升基层群众法治意识。四要健全诉讼服务辅导机制。创建过程中要鼓励探索人民法庭直接立案或者派驻立案机制，推动“枫桥式人民法庭”作为立案协作端实现跨地域立案，探索部分案件直接执行机制，并考虑将其作为创建标准的加分项。

三、关于源头治理

一定意义上来说，实现源头治理推动基层矛盾纠纷实质化解是做深做实新时代“枫桥经验”最为关键的环节。习近平总书记强调，“法治建设既要抓末端、治已病，更要抓前端、治未病”①。源头治理实质就是推动矛盾纠纷预防化解的关口前移，将可能产生矛盾纠纷的风险点及时有效地化解在基层，减少和降低基层社会治理成本。一是建立有效对接机制。“枫桥式人民法庭”一方面要加强诉调对接，深化访调对接、警调对接，探索检调对接，统筹协调各方面力量资源；另一方面还要进一步扩大人民法庭与基层有关单位对接覆盖面，增强实质性预防化解纠纷能力。尤其是要强化与属地“矛调中心”“诉源治理中心”“综治中心”衔接协同，与派出所、司法所、农村土地承包仲裁委员会等基层政法单位和矛盾纠纷调处机构的常态化协作机制。充分利用基层网格化管理机制平台，实现辖区治理领域信息共享，发挥网格员、特邀调解员作用，整合解纷资源，对不同阶段和性质的矛盾纠纷分工协作，促进事实清楚、争议不大的纠纷在村镇（社区街道）范围内解决，推动多发性、爆发性、群体性纠纷及时联合化解，以形成符合辖区经济社会发展、地域文化特点的矛盾纠纷预防化解机制。积极支持开展“平安村（社区）”“无讼村（社区）”等创建活动，培育乡村（社区）“法律明白人”，协助推动提升村民委员会、居民委员会等基层自治组织矛盾纠纷预防化解能力。二是要协同专业资源。积极引导人民法庭围绕化纠纷于诉前、于庭外的目标，采取灵活有效务实措施，及时对辖区纠纷类型、特点、趋势进行研判预警，分析高发多发案件深层次原因，定期向党委、政府和有关主管机关或者其他有关单位、行业协会等提出针对性司法建议和工作意见。积极挖掘发布典型案例总结人民法庭参与诉源治理经验做法，打造亮点特色鲜明、体现当地特点的诉源治理品牌，发挥“枫桥式人民法庭”创建的引领示范作用。三是要断纠纷于诉内。“枫桥式人民法庭”要主动进行司法引导，强化审执联动，推行判后释疑和类案参考案例制度，评估上诉风险，加强审执联动推进裁判自动履行。将上诉较多的类案和上诉率较高的承办法官纳入管理名单，并将其作为“枫桥式人民法庭”创建

① 习近平：《坚定不移走中国特色社会主义道路 为全面建设社会主义现代化国家提供有力法治保障》，载《求是》2021 年第 5 期。

的重要影响因素，结合案件复杂疑难程度，对案件审理、裁判文书撰写实行浮动监管和指导，以提高案件审判质量。重视线上线下矛盾纠纷化解方式结合，在线集约集成乡镇社区干部、网格员、法律工作者等多重解纷力量，提升矛盾纠纷在线多元化解效能。

四、关于非诉解纷

新时代新形势下，基层矛盾纠纷涉及的领域更加广泛、内容更加多元、关系更加复杂，这就更加需要把非诉讼解决机制作为“枫桥式人民法庭”创建重要内容之一，在此基础上加快构建起分类分工、衔接配套的多元化纠纷解决体系就显得非常必要。一是要完善程序机制。加强当事人程序选择引导，严格遵循自愿原则，在诉讼服务、法治宣传以及指导制定村规民约等工作中提供非诉讼纠纷解决指引，提高当事人、代理律师、法律服务工作者等的非诉讼纠纷解决意识。在显著位置公示非诉讼纠纷解决流程及优点，做好诉前引导，案件受理前充分释明优势特点。鼓励和引导当事人优先选择成本较低、对抗性较弱、有利于修复关系的途径化解纠纷。充分发挥诉讼费用杠杆作用，强化诉前调解不收取诉讼费用机制的引导、推广作用，激励当事人优先适用非诉讼纠纷解决机制。优化保全适用制度，鼓励财产保全保险担保，完善保全申请与执行网络查控有序衔接工作机制，以保全促调解、促和解、促执行。二是要整合基层调解力量。“枫桥式人民法庭”要扩大人民调解员选聘渠道和范围，注重从退休政法干警、各类法律服务工作者、社会专业人士中选聘人民调解员。加强专职人民调解员队伍建设，推动、助力完善考核评价标准，将降低民间纠纷成讼情况作为激励奖惩依据。加强对特邀调解员的业务指导和培训，提高特邀调解员矛盾纠纷预防化解能力。“枫桥式人民法庭”要重视、助推专业性行业性调解工作，结合辖区实际大力支持、指导金融、知识产权、新兴业态、互联网等重点行业领域调解工作。人民法庭依法支持律师在代理诉讼案件过程中的促调、促和工作，完善律师参与诉前、诉讼调解机制。“枫桥式人民法庭”还要充分依靠当地人大代表、政协委员等力量，推动创建调解品牌，助力矛盾纠纷就地实质化解。同时要健全以地方政府保障为主、设立调解组织的单位保障为辅、社会保障为补充的经费保障机制，确保人民调解工作有力有效开展。三是要推动各类调解联动。“枫桥式人民法庭”要积极主动协同司法行政机关共同推动形成以人民调解为基础，各类调解优势互补、有机衔接、协同联动的大调解工作格局。通过组织各类调解组织成员旁听庭审、开展业务培训、制发常见纠纷业务指导案例、设立各类调解组织指导员等方式，实现对调解的常态化业务指导。人民法庭及其所在地基层法院定期向乡镇司法所、乡镇政府、市县司法局通报民间纠纷成讼情况，尤其要注重与司法所建立民间矛盾纠纷可能激化或者引发“民转刑”等恶性事件的双向预警通报机制，实现基层人民法庭和基层党委政府对辖区矛盾纠纷的共同分析、预判、处理。四是要强化诉前调解应用。“枫桥式人民法庭”要注重诉前委派调解、诉中委托调解的实践应用，对适宜通过调解方式解决的案件，在征得双方当事人同意后，可以委派或者委托进行调解，满足人民群众多渠道化解纠纷需求。完善线上司法确认平台建设，充分发挥法院专业、权威、可强制执行等优势，推动形成快立快办、覆盖全面、衔接紧密、运转顺畅的司法确认机制。“枫桥式人民法庭”在调解过程中应牢固树立“一个纠纷一个案件”理念，把实质性化解贯穿案件审理始终，尽最大可能在每一个环节都把化解矛盾、服判息诉的效果做到极致，避免程序空转和资源浪费。积极引导当事人主动履行调解协议，尽可能减少纠纷进入执行等后续程序。鼓励“枫桥式人民法庭”及其所在地法院在相关部门支持下在调解员薪酬激励、法官绩效考核等方面进行符合实际情况的探索创新，切实提升基层调解质效。

五、关于群众工作

经过六十年的发展，新时代“枫桥经验”非常重要的一点就是始终坚持党的群众路线，深入群众、组织群众、发动群众来解决群众身边的事情。随着改革开放进入新时代，社会主要矛盾已经发生了变化，人民群众对于民主、法治、公平、正义、安全、环境等方面的需求日益增长，这就需要人民法庭在联系服务群众上多用情、在宣传组织群众上多用心、在组织凝聚群众上多用力，在此基础上做实和创新群众工作方法，并将司法为民落到实处，这应该成为“枫桥式人民法庭”创建的重要组成部分。具体而言，一是要优化诉讼服务平台建设。因地制宜推进立案等诉讼服务事项进驻基层公共服务站点；具备条件的，鼓励在人民法庭及辖区乡镇街道综治中心或者矛盾调解中心设立自助诉讼服务设备，积极开展代缴代办代理等便民服务。要加强电子送达，推行集约化送达方式，充分调动基层网格员积极性参与相关工作，综合线上线下等现代和传统手段破解送达难题。同时充分发挥12368诉讼服务热线功能，鼓励发挥网上诉讼服务中心等在线信息化平台功能，做实人民法庭的“一站通办”“一窗通办”“一网通办”。要根据实际情况针对老年人、残疾人、妇女儿童等特殊群体开设绿色服务窗口或者热线，完善便民服务设施，即时提供诉讼服务，并与法律援助机构有效建立常态化工作机制，及时告知有关当事人有权依法申请法律援助，落实在线诉讼、在线调解等规则，方便人民群众诉讼。鼓励有条件的“枫桥式人民法庭”设立视频会面室，或者积极运用人民法院在线服务平台等渠道，提供信息验证、在线庭审、谈话调解、确认签名等跨地域诉讼服务。二是要注重发挥法治文化引领功能。以邀请基层干部群众旁听庭审、公开宣判、以案说法、送法下村等形式开展法治宣传，让人民群众“零距离”感受公平正义，使人民法庭成为基层法治教育的课堂。同时要深入推进“普法六进”，通过优秀裁判文书、典型案例、调研成果等载体，不断加强法治宣传，切实发挥司法裁判的价值引领和导向作用。要主动运用社会主义核心价值观释法说理，积极引领社会风气向上向善，从根本上减少社会矛盾纠纷的发生。三是要激发基层人民群众内生调解动力。要注重创新工作方法，积极吸纳乡镇社区干部、“五老”人员、网格员、法律工作者等多元调解主体，激发群众参与矛盾纠纷化解的热情，培育民间调解力量。同时协助培育行业性、专业性调解组织，并加强与其他调解方式的衔接联动，汇聚调解合力，确保专业性问题得到专业化调解，增强公民内心深处的法治意识和正义观念。

六、关于基础建设

人民法庭地处基层，基础设施建设是推进人民法庭高质量发展的重要保证。因此，需要争取地方党委政府从人、财、物等方面支持“枫桥式人民法庭”创建。具体而言，要做好四项工作。一是要合理配置人力编制资源。优化基层人民法院工作人员分类管理制度，落实基层人民法院机关与人民法庭人员定期轮岗制度，完善有人民法庭工作经历人员在入额遴选、晋职晋级、领导干部选任等方面的激励制度，提高人员素质，探索建立聘用制书记员联合培养、定向招聘模式。加强干警履职保障，全面落实“人防、物防、技防”等措施，防范重大安全事故发生。二是要健全经费保障机制。推动将人民法庭建设作为基本公共服务体系建设的重要内容，“枫桥式人民法庭”创建中需要重点考察是否将人民法庭各项经费纳入法院部门预算管理，所需各项经费是否实现全额保障。根据事权与财权相统一的原则，对于人民法庭服务保障辖区经济社会发展事宜，要积极争取当地财政的支持。三是要完善法庭管理机制。“枫桥式人民法庭”创建要建立健全符合实际的专门考核办法，综合考虑执法办案、指导调解、诉源治理等因素，适当增加诉源治理、诉前调解等工作的考核权重，重点考核“化解矛盾”的质效，提高“巡回审判”“示范诉讼”“普法宣传”等专项工作的考核分值比重。基层人民法院要定期或者不定期就人民法庭工作向当地党委作专题汇报，推动把“枫桥式人民法庭”创建工作作为一项重要任务纳入党委政府总体工作格局。四是要强化信息技术支撑。有条件的地方在“枫桥式人民法庭”创建过程中可以结合“智慧法庭”建设，打造线上线下相结合的一站式服务平台，拓展12368诉讼服务平台、律师服务平台等平台功能，集合社会多元解纷资源，促进各类纠纷解决机制的跨界融合，为群众提供线上线下立体化、全天候、普惠式解纷服务。同步开通平台网页端、电脑端、App端和微信小程序端，衔接特邀调解组织系统和法院办案系统，实现解纷闭环。要因地制宜加强语音识别、图文识别、语义识别、智能辅助办案、区块链存证、常见纠纷网上数据一体化处理等科技创新手段深度运用，不断提升移动电子诉讼的覆盖范围、适用比例和应用水平。同时，创建“枫桥式人民法庭”还要重视数据归集与应用，实现对矛盾风险的动态感知、精准分析，提高预测预警预防风险的能力，推动新时代“枫桥经验”向线上进行拓展和升级。

总之，作为新时代“枫桥经验”的重要实践载体，“枫桥式人民法庭”要积极参与当地基层社会治理，立足预防、立足调解、立足法治、立足基层，坚持调解优先，主动融入党委领导下的矛盾纠纷多元化解大格局，坚持运用法治思维和法治方式预防化解矛盾纠纷，坚持发动群众、依靠群众，把非诉讼纠纷解决机制挺在前面，努力将矛盾纠纷止于未发、化于无形。只有这样，才能在以上六个方面基础上，构建起“枫桥式人民法庭”创建标准“四梁八柱”，从而为各地创建工作提供更好的指向。创建实践中，我们可以根据基层实际情况，结合定性和定量方法，动态调整“枫桥式人民法庭”创建指标体系，以夯实创建标准“四梁八柱”基础底座。值得注意的是，创建过程中，我们既要根据基层人民法院和群众需求及时对于创建工作进行适当调整，同时也要引入法学、政治学、管理学等多学科专家力量，充分发挥已有“枫桥式人民法庭”建设研究基地的作用，定时定期围绕全国“枫桥式人民法庭”创建重点难点问题进行研讨，争取能够形成包括“枫桥式人民法庭”创建指导手册在内的引领性成果。创建过程中，特别要注意全国东中西部不同区域间发展不平衡的现状，关注“枫桥式人民法庭”助力矛盾纠纷实质化解的核心功能及其发挥，合理设置创建标准和考核指标权重。创建过程中要用好科学评估政策工具，以评促改，以评促建，并充分考虑各种新情况、新问题，动态优化“枫桥式人民法庭”创建标准和考核指标，严格把关，对不符合条件、推进创建工作不力、出现突出问题的，视情作出不予认定挂牌、整改、撤销“命名”和摘牌等处理，充分发挥“枫桥式人民法庭”的引领带动作用，使创建过程真正成为建设社会主义法治国家的生动体现。目前，“枫桥式人民法庭”创建工作才起步，但全国各地在践行新时代“枫桥经验”过程中已经涌现出一大批优秀典型品牌，要围绕实质性化解矛盾纠纷、做实指导调解法定职能、源头预防和减少矛盾纠纷的要求，考虑及时将这些优秀典型的好经验好做法纳入创建标准中。只有这样，“枫桥式人民法庭”创建标准“四梁八柱”才能真正深入实践、深入群众，以此整合基层矛盾纠纷化解资源和力量，带动整个人民法庭工作高质量发展，避免基层社会矛盾风险外溢，推动实现基层社会治理现代化。

关于"枫桥式人民法庭"创建路径的思考

汪世荣*

2023 年 11 月 16 日，最高人民法院召开"枫桥式人民法庭"创建示范项目动员部署会。最高人民法院党组书记、院长张军在会上强调：要把习近平总书记的重要指示转化为坚持和发展新时代"枫桥经验"的强大动力，结合"枫桥式人民法庭"创建，做深新时代"枫桥经验"，做实指导调解的法定职能，切实提升矛盾纠纷预防化解法治化水平，努力以审判工作现代化服务保障中国式现代化。

最高人民法院历来重视人民法庭建设。例如，1999 年发布了《关于人民法庭若干问题的规定》，2005 年印发了《关于全面加强人民法庭工作的决定》，2014 年印发了《关于进一步加强新形势下人民法庭工作的若干意见》，2021 年印发了《关于推动新时代人民法庭工作高质量发展的意见》。根据新形势新任务，最高人民法院结合人民法院审判工作实际，对人民法庭制度不断进行改革和完善。

《中共中央、国务院关于做好 2022 年全面推进乡村振兴重点工作的意见》（以下简称《意见》）提出创建"枫桥式人民法庭"。《意见》规定，"推进更高水平的平安法治乡村建设。创建一批……'枫桥式人民法

---

* 最高人民法院民一庭"枫桥式人民法庭"建设（西北政法大学）研究基地研究员，西北政法大学法治学院教授。

庭’”。最高人民法院积极落实中央政策要求，先后发布打造“枫桥式人民法庭”系列典型案例。2022 年 11 月，最高人民法院以“打造枫桥式人民法庭服务基层社会治理”为主题，推出第四批新时代人民法庭建设案例，集中展示人民法庭立足审判职能、融入基层社会治理体系、推进乡村治理现代化、服务新型城镇化建设、传承红色司法文化等方面的探索与创新。2023 年 8 月，最高人民法院以“打造枫桥式人民法庭推动诉源治理”为主题，发布了第五批新时代人民法庭建设案例，包括推动源头治理、推进多元解纷、化解涉农纠纷、防治家事纠纷、优化营商环境等方面的探索与创新等 60 个典型案例。笔者拟结合相关实例和数据，对“枫桥式人民法庭”的创建路径进行探讨。

一、满足人民群众高品质生活需求

党的二十大报告明确提出，“全面依法治国是国家治理的一场深刻革命”。法治是国家治理现代化的一项重要标准，国家治理体系现代化以实现法治为基础。“枫桥式人民法庭”建设，就是在国家治理现代化的背景之下开展的一项具体工作。国家治理现代化包括两方面内容：一是治理体系现代化，二是治理能力现代化。“枫桥式人民法庭”的创建，对于司法体系现代化的改革、发展，以及司法能力的提高将起到全面推动作用，因此，应把“枫桥式人民法庭”创建放在司法现代化背景之下进行定位和理解。中国改革开放四十余年，经济建设取得了辉煌成就。与此同时，科技高速发展对社会治理提出了新挑战，也为司法工作提出了新标准和要求。在变革时代，如何保护改革开放成果，保护公民、法人及其他组织合法权益，成为摆在司法机关面前的紧迫任务。人民司法现代化建设，要积极回应人民群众需求，解决社会发展中出现的问题，为社会提供明确的行为准则，起到固根本、稳预期、利长远的作用。

人民法庭作为参与社会治理的重要主体之一，要弘扬法治精神，维护公平正义，引领社会风尚。通过服务党委政府中心工作，与多元治理主体的衔接、联动，推动经济、政治、社会、文化、生态文明全面发展进步。如今，扮演社会“稳定器”的司法，较之以往更加重要。重视人民法庭建设，就是强调法治在社会治理中的规范作用，引导群众通过平和方式解决矛盾纠纷。司法机关必须坚持合情、合理、合法解决纠纷，才能实现案结事了、政通人和，促进社会和谐稳定。

中国特色社会主义政治制度本质是人民当家作主。“枫桥经验”充分发挥基层群众自治制度作用，“小事不出村、大事不出镇、矛盾不上交”，民间纠纷民间化解，通过共建、共治、共享，促进全过程人民民主，形成社会治理共同体。这就需要通过“枫桥式人民法庭”创建，提供高效、便捷、公正的司法服务，加强基层司法供给，满足人民群众高品质生活的新期待和新要求。

二、夯实人民司法基层基础，提升司法质效

最高人民法院对人民法庭建设提出了明确要求：主动加强与公安、司法、劳动争议仲裁、农村土地承包仲裁、人民调解委员会等其他基层国家机关、群众自治组织、行业调解组织等沟通与协作，尊重和支持其依法调处社会矛盾纠纷，积极做好司法确认等诉讼与非诉讼矛盾纠纷解决机制的衔接工作。以审判职能的有效发挥，为人民调解、行政调解和群众自治组织调处化解矛盾纠纷提供法治样本和导向指引。加强和规范与居民委员会、村民委员会等基层群众组织在化解矛盾纠纷中的联系和沟通，共同维护良好的基层社会秩序。灵活运用公众开放日、观摩庭审、以案释法、判后答疑等多种形式，积极开展法治宣传，引导人民群众自觉履行法定义务、社会责任、家庭责任。通过及时向地方党委、人大报送涉诉矛盾纠纷专项报告，向政府及其他相关部门提出司法建议，参与地方社会治理。推进“枫桥式人民法庭”创建，需要从观念上调动法官积极性，提升审判质效，提高法官参与社会治理的能力。

人民法庭作为基层法院重要组成部分，其主要职能是预防化解矛盾

纠纷，回应群众诉求。“枫桥经验”一以贯之的特点是以人为本。只有坚持“组织建设走在预测前，预测工作走在预防前，预防工作走在调解前，调解工作走在激化前”的“四前工作法”，重视预测、预防、预警，未雨绸缪，才能将矛盾纠纷化解在萌芽状态。基层法院如何更好地发挥审判职能作用，人民法庭工作质效的发挥是关键。创建“枫桥式人民法庭”，只有更好发挥基层司法化解矛盾纠纷职能，主动采取措施，重视预防工作，才能从根本上减少矛盾纠纷，在社会治理中化被动为主动。

在最高人民法院发布的第五批新时代人民法庭建设案例中，浙江省丽水市中级人民法院报送的“开展人民法庭‘一件事’改革 有效防止‘衍生纠纷’”具有代表性。为了更好地履行司法职能，丽水市中级人民法院将人民法庭工作融入地方党委、政府中心工作，成为推动社会治理创新发展的重要环节，人民法庭工作受到地方党委、政府的重视和支持。丽水市中级人民法院依靠党委领导，优化解纷格局，推动市委、各县（市、区）党委召开法院工作会议，将人民法庭工作纳入党政工作大局，形成以镇街党委为核心，人民法庭为支撑，人民调解员、基层干部等共同发挥作用的解纷格局。该院开展人民法庭“一件事”改革，换位思考，从当事人“一件事”的角度看待每一起纠纷，努力用最少流程、最强合力、最优服务让矛盾纠纷在源头化解、一次性化解，让正义提速、让群众减负。

三、优化人民司法的环境和条件

建立矛盾纠纷多元化解机制是党中央、国务院一项明确的政策。2016年，最高人民法院为了贯彻落实《中共中央办公厅、国务院办公厅关于完善矛盾纠纷多元化解机制的意见》，制定并发布了《关于人民法院进一步深化多元化纠纷解决机制改革的意见》，完善诉讼与非诉讼相衔接的纠纷解决机制，发挥人民法院在矛盾纠纷多元化解机制中的引领、规范和保障作用，推动国家立法进程。人民调解制度是基层群众参与矛盾纠纷化解的重要渠道和途径，是基层群众自治制度的有机组成部分。人民调解法第五条第二款明确规定："基层人民法院对人民调解委员会调解民间纠纷进行业务指导。"因此，规范诉调对接，加强基层人民法院对人民调解业务指导，是促进"枫桥式人民法庭"创建、推动基层社会治理现代化的有效途径。

在司法工作中，文化的塑造同样重要。各地基层法院通过建立调解优先的矛盾纠纷化解文化，"把非诉讼纠纷解决机制挺在前面"。中国具有悠久的调解传统，"和合"文化源远流长。"枫桥式人民法庭"创建，是提升、改善人民法院审判职能的重要途径，也能够强化人民法院基层基础建设，优化司法环境和条件。在建立基层法院指导人民调解的实施机制过程中，位于"枫桥经验"发源地的浙江省诸暨市人民法院为了增强人民调解工作的自觉性、主动性，确立新思路，建立新制度，落实新措施，大胆探索建立了"四环指导法"：立足审判，延伸触角，紧紧抓住民间纠纷诉前、诉时、诉中、诉后四个环节——"诉前"环节普遍指导，"诉时"环节跟踪指导，"诉中"环节个别指导，"诉后"环节案例指导，制定针对性制度，提高调解效能。

近年来，人民法院充分利用互联网技术优势，推动源头治理减少纠纷，实现高效便捷多元化解纠纷。通过网上立案、开庭、送达一体化建设，各地法院深入推进诉调对接机制，引导建立社会诚信制度，提升司法效能。管理制度健全、公开，制度实施效果好，群众对人民法庭工作评价满意度高，正是"枫桥式人民法庭"创建追求的效果。充分运用互联网技术，为当事人解决纠纷提供便利，体现了"枫桥式人民法庭"的时代特色。通过互联网技术满足当事人诉求，建立公正、高效的人民法庭运行机制，是"枫桥式人民法庭"创建应有之义。

人民法院通过审判工作，发挥化解矛盾纠纷的作用，维护社会稳定，促进社会和谐。"枫桥式人民法庭"的创建应站在群众的角度、企业的角度、社会的角度，建设人民满意的法庭，发挥人民法庭在整个基层社会治理中独特、重要、不可替代的作用。

在综合社会治理中定位司法功能，必须充分发挥人民法庭在化解矛盾纠纷中的作用，优化司法环境和条件。“枫桥式人民法庭”创建蕴含了法治社会建设、司法文化建设、司法机制建设等多重含义，其关注的更多是司法在综合社会治理中发挥积极作用。“时代是出卷人，我们是答卷人，人民是阅卷人。”① 只有大力推进法治文化建设，赓续“和合”优秀传统文化；坚持党建引领，发挥基层群众、社会组织等多元主体作用；让当事人参与评判司法效果，弘扬人民司法优良传统，践行以人民为中心的发展思想，提升人民司法公平公正的内在品质，“枫桥式人民法庭”创建才能对公正、高效、权威社会主义司法制度效能发挥起到重要推动作用。

① 习近平：《坚持和发展中国特色社会主义要一以贯之》，载《求是》2022 年第 18 期。

【诉源治理专题】

福建龙岩构建“五联四化”诉源治理体系从源头上减少诉讼增量

福建省龙岩市中级人民法院、龙岩市诉源治理中心

福建龙岩深入贯彻落实党的二十大精神和习近平法治思想，积极构建“五联四化”诉源治理体系，推动矛盾纠纷源头化解、减少诉讼增量，成立福建省首家市级诉源治理中心，充分联动解纷力量、聚合解纷资源、整合解纷方式，全市诉源治理工作实现统筹统抓。2023 年以来，实现诉源案件新收、万人起诉率“双下降”，降幅居全省各地市首位，群众对政法工作满意率、对矛盾纠纷化解工作满意率均位居全省第一。

一、靶向治疗诉源治理难题

针对诉源治理工作中存在的源头预防不够、解纷资源分散、治理效能不足等难题，龙岩市坚持和发展新时代“枫桥经验”：一是加强组织领导，在市级层面统筹指导、精准研判、督导考核诉源治理工作，把诉源治理纳入全市基层社会治理和平安建设一体部署，推动各地和各成员单位落实主体责任；二是强化协同联动，成立市级诉源治理平台，与市矛盾纠纷多元调解服务中心有机融合，促推“五联四化”诉源治理体系高效运行，将更多法治力量向引导和疏导端用力；三是强化力量下沉，市县两级政法干部、村居法官下沉基层一线，通过加强矛盾纠纷源头预防、前端化解、关口把控，推进市域社会治理现代化，为闽西革命老区高质量发展示范区建设提供坚实保障。

二、构建“五联四化”综治平台

治理中心立足市域特色、治理优势，整合市域矛盾纠纷多元化解和诉源治理资源力量，是一站式社会矛盾纠纷调处化解综合平台。

（一）组织架构

为确保治理中心有效运行，龙岩市平安建设领导小组办公室设立专项组，统一部署和组织协调全市诉源治理和矛盾纠纷多元调解工作。组长由市委常委、政法委书记担任；第一副组长由市政府分管领导和市中级法院主要领导担任；常务副组长由市委政法委分管领导担任；副组长由市司法局、市信访局主要领导和市中级法院分管领导担任。成员包括市检察院等33家市直单位。成立工作专班，负责处理日常事务工作，成员由市诉源治理中心成员单位派员组成。同时在辖区7个县（市、区）分别设立县级诉源治理中心。

（二）中心职责

一是统筹协调指导。贯彻落实党中央有关诉源治理工作的决策部署和省委省政府、市委市政府的工作要求，统筹协调指导全市诉源治理工作。二是排查分析研判。精准分析研判全市矛盾纠纷趋势和成讼情况，每月参与矛盾纠纷排查调处，确定攻坚整治“一月一主题”，开展重点行业领域、重点时期排查调解专项行动，推动在市域范围内预防并提级调处重大矛盾纠纷。三是强化考核督导。市平安办出台《龙岩市深化诉源治理工作实施意见》，将矛盾纠纷多元调解工作、万人起诉率、“民事行政一审收案”纳入县（市、区）党政领导平安建设责任制和市直部门绩效考评内容，将各县（市、区）万人起诉率延伸考核至乡镇（千人起诉率），并开展专项督导、跟踪督办，进一步压实诉源治理主体责任。

（三）运行机制

一是联席会议研判机制。召开联席会议，定期分析、研究、协商和指导全市诉源治理工作。会议由组长主持，全体成员单位出席，视情邀请县（市、区）及有关市直部门有关工作人员列席。二是重大决策风险评估机制。对事关群众切身利益、可能引发影响社会稳定问题的重大改革措施出台、重大政策制定调整、重大工程项目建设、重大活动举办、重大敏感案件办理等进行风险评估，推动纠纷源头预防化解。三是"五联"聚力多元联动解纷机制。市中级法院出台《关于深化诉源治理的行动方案》，并联合市人大、市政协出台《关于充分发挥人大代表作用积极推进诉源治理的工作方案》《关于充分发挥政协委员作用积极推进诉源治理的工作方案》，以基层法官与人大代表、政协委员、村居干部、调解员五大主体共联，建设"5+N"诉源治理共同体，聚合多元解纷力量参与基层社会治理。四是"四化"融合善治机制。（1）坚持法治化统领，启动"岩法数治"项目，定期分析诉源案件情况，提好司法建议；（2）引入社会化力量，创建 67 个代表委员调解室、43 个特色调解室，开展诉前调解；（3）发挥专业化优势，实质运作 43 项诉非联动机制，统筹市直解纷力量，2023 年 8 月开展金融等四类重点行业领域诉源治理百日攻坚，推动相关行业诉源收案数量大幅下降，2024 年聚焦金融借贷、婚姻家事、交通事故、劳动争议、房产物业等七类重点行业领域纠纷开展诉源治理大攻坚，促推行业精细治理，"驿站枫桥"协同化解劳动争议做法被中央电视台《新闻联播》报道；（4）坚持智能化赋能，打造"岩法云诉通""土楼 e 法"等平台，提升在线解纷效能。五是村居法官服务机制。市中级法院制定《关于"一村（居）一法官"的实施方案》，实行村居法官分片责任制，明确村居法官身兼社情态势排查员、纠纷化解疏导员、人民调解指导员、执行工作联络员、信访化解参事员、基层治理协管员、司法为民勤务员、法律政策宣传员"八大"工作职责，激励党员干警在村居一线服务中创先争优，全力构建"源头+专业+权威"的诉前解纷格局。六是调研信息宣传机制。根据工作需要，通过定期或不定期开展课题研究、实地调研、座谈沟通等方式专题推进诉源治理工作。编印信息简报专报，及时总结推广工作经验和典型案事例，引导更多群众合理选择非诉讼方式解决争议。

（四）工作保障

一是人员配备。实行“专班+轮驻”运行模式，市级主要成立三大专班：（1）市委政法委牵头，市检察院为组长单位，成立涉法涉诉信访专班；（2）市委政法委牵头，市法院、重点项目监管单位为组长单位，成立重点项目专班；（3）市法院牵头，市司法局、市妇联为组长单位，成立婚姻家事专班，并根据诉源案件态势确定市直有关单位、行业部门轮驻中心。县级根据矛盾纠纷态势有针对性成立专班。二是经费保障。将解纷平台软件开发和硬件设施经费、工作人员经费、运行经费列入市县两级财政预算。三是物质保障。中心城区采取市区一体建设模式，改造原中级法院审判大楼，面积约1500平方米，一楼功能主要是前台接访导引、后台指挥调度，市直有关部门入驻办公，二、三、四楼全部建立专业调解室，并设置简易法庭；其余6个县（市、区）因地制宜推进诉源治理中心提档升级；中心软硬件设施由成员单位共同提供。

三、诉源治理体系取得成效

一是纠纷化解更加便利，实现33家市直单位横向联动，纵向贯通7个县级中心、133个乡镇调解服务员心，1955个村居法官工作站，推动形成市县乡村四级诉源治理网络。目前，两级法院361名法官挂钩全市1955个村居，实现村居法官服务市域全覆盖；2023年靠前指导，化解纠纷4856件，推动46个村居修订完善村规民约，最大限度将矛盾化解在基层、化解在萌芽状态。二是营商环境更加优化，司法助力闽粤赣边区域高标准市场体系示范中心建设，办理破产、执行合同等营商环境指标持续提优，龙岩市跻身全省营商环境标杆城市，在2023年全国营商环境现场会上作典型经验介绍。三是人民群众更加满意。2023年，龙岩市群众安全感调查成绩居全省前列，其中，群众对政法工作满意率98.07%、对矛盾纠纷化解工作满意率99.29%，均位居全省第一。“五联四化”诉源治理工作入选全国新时代“枫桥经验”优秀案例、福建法院十大能动司法创新举措。

“调裁考一体化”机动车交通事故责任纠纷化解工作法

侯 康[*] 胡 卿[**]

近年来，淄博市特别是张店主城区机动车交通事故责任纠纷案件成讼量一直处于居高不下态势，成为占比较高的几类民事案由之一。审理中发现，涉保险公司机动车交通事故责任纠纷案件调解难度大、上诉率高、人民群众对及时获得赔付的满意度低。受害人对赔偿预期较高、保险公司内部存在诸多行业壁垒、多元化解机制不衔接等多方面原因，造成案件易成讼或成讼后调解难、上诉率高、实质性化解纠纷效果不理想。

对此，张店区人民法院（以下简称张店法院）坚持以习近平新时代中国特色社会主义思想为指导，认真贯彻落实习近平总书记作出的“坚持把非诉讼纠纷解决机制挺在前面”重要指示精神，学习和发展新时代“枫桥经验”，在道路交通事故矛盾纠纷处理方面，注重加强源头预防、前端化解、关口把控，以降低“万单成讼率”为出发点，采用“调解疏导为先、速裁支撑为纲、多元治理为要”的“调裁考一体化”工作法化解道交纠纷，努力从源头上减少诉讼增量和变量，及时保障事故受害人合法权益，积极推进诉源治理工作深入开展。

* 山东省淄博市中级人民法院立案信访局立案二庭庭长，四级高级法官。
** 山东省淄博市张店区人民法院马尚人民法庭副庭长，一级法官。

一、非诉协同疏导，联调联解合力减纷止争

抓早抓小抓调解，平铺“一法庭、一平台、一调解室”联调网络，以非诉讼方式就地化解矛盾纠纷在诉前，减少诉讼增量，节约司法资源。一是将法庭建在事故处理现场。将交通事故速裁法庭设立在本地交警大队事故处理科，且配备常驻调解员，在事故处理现场随时为事故双方当事人提供调解、咨询等服务，协助交警部门抓住事故发生之初黄金时期将矛盾纠纷消除在萌芽状态。二是利用平台合理分流调解案件。用足用好道交一体化平台。2022 年，审核登记 750 件案件进入诉前调解程序，依据案件特点合理分流（个人对个人案件分流至仲裁委或人民调解委员会调解、被告有保险公司的案件分流至保险协会调解），调解率达 54.48%。经调解达成调解协议的，制作调解协议书，按照约定履行；本着当事人意思自治的原则，发挥仲裁程序灵活简便、费用成本低、仲裁员专业性强、一裁终局等优势，分流仲裁部分道交纠纷。三是设立专门道交纠纷调解室。根据以往经验，保险公司就理赔与原告协商不成时，法院适当释明有关法律往往能够促成调解。对此，张店法院在区矛盾纠纷处理中心（市民诉求服务中心）建立专门调解室，该调解室主要用于法院与保险行业协会、保险公司共同对道交案件的联调联解，以“行业自行调解+法院消除分歧”的方式打通症结的“最后一公里”。依据“投保保险公司是否同一——诉讼参加人是否复杂—原告是否构成伤残”等标准将诉前调案件分类，选择具有“调解潜力”的同一保险公司案件，定期前往调解室集中调解。调解成功可当场签订调解协议，或依据当事人申请出具诉前调解书、司法确认书；调解不成的，直接确定开庭时间，当场送达。

二、速裁及时支撑，公正高效保障合法权益

对于调解不成进入诉讼的案件，2022 年 1 月，张店法院设立专门的速裁团队类案专审，团队由 1 名员额法官、1 名法官助理、3 名书记员、

2 名调解员组成。2022 年，该“一人法官”团队收案 901 件，结案 915 件，员额法官办案数全院第一，在全市基层法院同类团队中名列第一。面对案多人少，如何消化案件？一是理顺庭审机制。针对中心城区事故多、案件量大的情况，制作《机动车交通事故责任纠纷举证指引》随应诉材料送达，避免二次质证，让当事人少跑路，也减少团队重复工作量；为提高庭审效率，制作《机动车交通事故责任纠纷要素对比表》，庭前质证后进行要素式庭审，对于双方无异议的事项直接予以确认，仅针对有异议的部分进行着重庭审调查；对于赔偿项目多、争议大的案件，加强裁判文书说理，以达到释法明理的效果，对于案件事实比较清楚，双方争议不大的案件，采用要素式、表格式判决书，既节省了制作文书的时间，也让当事人一目了然，简洁易懂。二是打通流转机制。保证每周平均 20 件案件的送达、保全、庭审及结案的合理流转，月均结案 68. 33 件，平均办案天数 14. 11 天。在 2022 年 3 月新冠疫情管控严峻形势下，为保证结案均衡与进度，采用一案一群聊方式实现一审结案 68 件。复杂疑难案件可在速裁转出率范围内筛选至精审团队审理，道交案件转出率仅 2. 68%。三是多办为民实事。进入诉讼的案件往往已经进行诉前多次筛选，怨气深、争议大，快速高效的速裁程序保障受害人早日获得赔偿款。同时，诉中也注重以“面对面”或者“背靠背”的方式贯穿、做足调解工作，2023 年全年，调撤率达 40. 44%，创历史新高，实质性化解矛盾成效显著。坚持群众利益无小事，真心实意为群众着想，为百姓办实事。例如，一起交通事故伤者崔某医疗费数额巨大，欲通过先予执行的方式申请 10 万元赔偿款救急。考虑到申请先予执行程序较为复杂，且一旦冻结保险公司账户，会造成相关保险公司无法开展正常理赔工作、无形中影响到其他权利人受偿的局面，张店法院为其开通“绿色通道”，优先立案、排期审理，保证了崔某在求助十日后便取得赔偿款。这仅是为民办实事的一个缩影。

三、综合整治并行，多措并举促进行业治理

“调裁考一体化”中的“考”为通报、评估、治理之意。一是实行

涉保险公司道交案件季度通报制度。2022 年，为助推类案成讼量的减少，张店法院在全省首次向辖区银行保险监督管理部门、保险行业协会每季度以发函的形式对该季度涉机动车交通事故责任纠纷案件涉及各保险公司的成讼数量、调解情况、上诉情况进行通报，并针对本季度该类案件诉讼情况变化，有针对性地提出司法建议。淄博银保监分局向张店法院复函对该制度给予充分肯定并积极配合，淄博市保险行业协会也主动参与诉前调解工作，成为行业“中间人”。这是全省法院首次就涉保险公司机动车交通事故责任纠纷案件数量猛增问题，试行上述制度向有关单位和组织发函并得到肯定支持。淄博中院对该制度评价为“化解保险公司涉道交案件纠纷，张店法院迈出实质性一步”。二是季度“成讼通报”辅之以司法建议宣传、提醒、纠偏。目前，已随通报提出司法建议 15 条，其中，既阐明法院裁判公开透明统一的立场，又呼吁保险公司共同参与诉源治理；既建议保险公司改变“不经诉讼，不予理赔”的观念，又建议保险公司树立“能调不判”纠纷解决思路；既提醒保险公司不要让保险合同理赔义务司法化，又劝导保险公司改革下级公司理赔由上级公司决定的内部机制；等等。上述诸多司法建议均得到监管部门、保险行业协会、各家保险公司的积极响应。三是发挥个案司法建议重要作用。针对个案中发现的突出问题，及时提出司法建议，以“个别”警示“全面”，保障当事人合法权益。比如，在审理原告李某某诉被告王某、某保险公司机动车交通事故责任纠纷一案中，发现该保险公司为了减轻年底考核压力，利用上诉程序恶意拖延理赔。而原告李某某因交通事故导致颅脑损伤，经司法鉴定为一级伤残、完全护理依赖，急需保险公司赔偿款到位救治，而保险公司的行为导致李某某一审判决的近 75 万元赔偿款无法及时获得赔付。在发现上述问题后，张店法院及时向淄博中院汇报，两级法院联合向该公司提出 3 条司法建议（二审上诉程序不应成为保险公司缓解年底考核压力的工具，保险公司应当充分发挥责任保险在化解道交纠纷中的功能作用，调整或废止不合理的考核指标和审批程序）并抄送监管部门、保险协会。司法建议发出后，该保险公司高度重视，及时复函反馈落实情况，并表示不再上诉，原告李某某一周之内便收到了 75 万元赔偿款。

“调裁考一体化”工作法涵盖诉前、诉中、诉后，涉及疏导、化解、审判、服务、综治，在当地党委领导下，集合人民法院、监管部门、行业协会、仲裁机构、人民调解组织等各方主体，建立了信息共享、业务协同和非诉衔接机制，使类案诉源治理工作取得明显成效。第一，矛盾“不成讼”成效明显。2021 年成讼 655 件，2022 年成讼 574 件，同比下降 12. 37%。2023 年第一季度同比下降 12. 84%。第二，调撤率逐步提高。除了大量化解在诉前的纠纷外，2022 年第四季度一审案件调撤率为 37. 93%，较第一季度提升 14. 23 个百分点，2023 年目前已达 41. 83%。第三，服判息诉率大大提高，2022 年年初为 83. 33%，2023 年目前为 92. 17%，本地保险公司上诉明显减少。第四，保险公司参与诉前、诉中调解意愿强烈，群众诉前零费用一次性解决纠纷受益大。

【家事审判工作专栏】

内蒙古自治区创新“法院+妇联”模式 推动家事少年纠纷化解工作

赵 婧* 孙 娟**

习近平总书记指出：“家庭和睦则社会安定，家庭幸福则社会祥和，家庭文明则社会文明。”① 近年来，内蒙古自治区妇联、内蒙古自治区高级人民法院加强沟通合作，于2016年联合印发《关于做好诉前调解与妇联组织人民调解衔接工作的意见》，各级妇联与基层人民法院积极推进婚姻家事案件诉调对接工作，按照《最高人民法院关于进一步深化家事审判方式和工作机制改革的意见（试行）》和《最高人民法院、全国妇联关于开展家庭教育指导工作的意见》，不断深化法院主导、妇联深度参与的“法院+妇联”工作模式，妥善办理涉家事、未成年人犯罪等案件。几年来，基层涌现出许多成熟的经验做法，其中新城区人民法院（以下简称新城法院）与呼和浩特市妇联合作创设家事少年审判“2+3+8”工作机制，形成家事调解四步工作法，推动家事少年纠纷化解工作取得扎实成效。

一、提质增效，构建家事少年审判“2+3+8”工作机制

新城法院深入推进家事少年审判改革，在与妇联的协作中，建立起

* 作者单位：内蒙古自治区呼和浩特市新城区人民法院。

** 作者单位：内蒙古自治区妇女联合会。

① 习近平：《在会见第一届全国文明家庭代表时的讲话》，人民出版社2016年版，第3页。

“2+3+8”家事少年审判工作机制，形成家事少年审判合力，依法维护“妇女和一老一小”等特殊主体合法权益，促进矛盾纠纷高质高效化解。

“2”是以“法院+妇联”为基础，与公安机关、检察机关、民政局、司法局、关心下一代工作委员会、当事人居住地基层党组织等加强联动，互相协作，优势互补，共同完成家事少年审判工作以及延伸各项服务。

“3”是新城法院受理的案件中涉及三类案件中的司法职能：（1）婚姻、继承、抚养类等家事纠纷；（2）涉及未成年人的民事案件、行政案件，被告人和被害人一方有未成年人的刑事案件，以及人民法院立案时不满二十二周岁的在校学生犯罪案件；（3）宣告公民死亡、失踪以及认定民事行为能力、指定监护人的特别程序案件。

“8”是八项联动机制：（1）诉前、诉中调解机制；（2）家事案件调查机制；（3）判后回访机制；（4）心理测试疏导机制；（5）家庭暴力预防和援助机制；（6）家庭教育指导机制；（7）未成年人权益最大化机制；（8）情绪疏导机制。八项联动机制深度应用于家事少年审判全过程，在查清事实、情绪舒缓、查找问题根源、最终解决矛盾等多个方面发挥积极作用。以家庭调查为例，在一起认定民事行为能力案件中，当事人所在家庭中父亲瘫痪、母亲和儿子残疾，新城法院法官与妇联家事调查员于立案当日进行家庭调查，深入了解当事人诉求并于当日下达判决，充分体现出“法院+妇联”联动机制在提升案件办理质效中的重要作用。

2021年，新城法院在内蒙古自治区基层法院中首批挂牌成立少年法庭。法庭成立后，新城法院与妇联深入落实《最高人民法院关于加强新时代未成年人审判工作的意见》，坚持双向、全面、特殊、优先保护，通过庭前法官和妇联工作人员一起了解案情，促使案件当事人可以达成谅解促退赔；审中促悔罪；通过家访和发放新城法院定制的笔记本等多种形式，对被害人进行物质与精神上的帮助，对未成年被告人进行有针对性的辅导矫治，对未成年人的监护人进行教育，判后做到促悔改。犯罪记录封存为未成年人提供反省和无痕回归社会的机会。在案件办理过程中，很多未成年人与法官和妇联工作人员建立起亲近关系，并在生活、学习中遇到问题时主动询问，实现法治护航成长的积极效果。

二、以调促和，形成家事调解"望闻问切"四步工作法

2018年，呼和浩特市妇联成立呼和浩特市婚姻家庭纠纷调解委员会，并于当年入驻新城法院开展调解工作，入驻的委员会的调解员既有退休法律工作者，也有具有心理学资质的调解员。新城法院坚持充分发挥调解工作在家事纠纷化解中的积极作用，日常做到法官与妇联派驻调解员及时沟通、总结经验，逐渐在案件办理过程中对事实认定、适用法律、价值取舍等方面尽可能达成一致，逐步形成家事调解"望闻问切"四步工作法。

"望"即认真审阅诉状，了解掌握案件双方当事人之间矛盾的基本情况和争议焦点，做到心中有数。"闻"即仔细听取双方当事人诉说，从中找到化解矛盾的突破口。"问"即在法官、调解员、当事人的多方沟通中把握时机，以对话形式进行疏导，晓之以理动之以情，化干戈为玉帛。"切"即调解工作及时切入，充分运用调解技巧，如耐心劝解、代入立场、给予表态空间等，让调解更具针对性。

在"望闻问切"四步工作法的深度应用下，新城法院家事纠纷调解工作取得显著成果，有效缓解了法院办案压力，并受到当事人广泛好评。与妇联合作调解成功案件数从2018年的50件，到2020年的155件，再到2023年的247件，呈逐年上升趋势，在引导更多当事人认识家庭责任、树立担当意识的同时，有效发挥了家事调解在预防化解婚姻家庭纠纷、加强和创新社会治理、维护社会和谐稳定等方面的积极作用。

三、创新工作模式，合力营造家事少年审判温馨氛围

2022年5月，新城法院成立呼和浩特市首个以法官名义命名的家事少年审判工作室"赵婧工作室"，并与呼和浩特市妇联合作成立家庭教育指导工作站。同年，呼和浩特市妇联挂牌成立"执委赵婧工作室"。在新城法院家事少年审判区中设置家事审判专区，通过暖色调装潢、圆桌式

审判台、动漫形象台签等环节，营造出法官与当事人之间平等舒适的氛围，以柔性诉讼环境突出家事审判中“家”的温馨，帮助诉讼双方破除心理壁垒。家事少年审判区内设有调解区、儿童游乐区、阅读区、休息区等，配置轮椅、老花镜、儿童读物等生活用品，缓解当事人矛盾情绪，为特殊群体构建贴心、温馨、有温度的舒适环境。

家事少年审判区内常驻妇联委派调解员，并根据当事人实际需求，邀请有资质的心理咨询师、家庭教育指导师进行心理测试和家庭教育指导，从而找出矛盾问题的根源加以解决，从根本上化解矛盾纠纷，切实挖掘家事少年审判深度。

依托“法院+妇联”的新城模式，新城法院不断提升工作能力和水平，家事少年审判实践经验被写入《当代中国的家事司法改革：地方实践与经验》一书进行推广，综合审判庭家庭教育指导工作站经内蒙古自治区妇联推荐被确定为2023—2024年度全国维护青少年权益岗创建单位，“赵婧工作室”赵婧法官被最高人民法院评为人民法院少年法庭工作先进个人，荣获全国维护妇女儿童权益先进个人、内蒙古自治区维护妇女儿童权益先进个人、内蒙古自治区优秀法官等荣誉称号。

下一步，内蒙古自治区将深化“法院+妇联”工作模式，持续巩固和创新工作机制和方法，充分发挥法院专业优势和妇联组织引领服务联系职能，健全完善政府、司法、社会支持联动配合的家事少年审判新体系，切实保障妇女儿童合法权益，维护家庭和谐与社会稳定，为筑牢祖国北疆安全稳定屏障贡献力量。

创新家事纠纷治理模式
绘就乡村振兴好“枫”景

巢澍望*

江西省横峰县人民法院岑阳人民法庭辖区占县域面积三分之一以上，全县近70%的家事纠纷发生在法庭辖区内。近年来，岑阳人民法庭充分发挥服务保障乡村振兴“桥头堡”作用，积极探索“治未病、治心病、治隐患、治风气”的家事纠纷全链条治理模式，为全面推进乡村振兴筑牢和谐稳定社会根基，荣获全省示范法庭、全省优秀法庭等荣誉称号，经验做法在全省基层建设工作会议上作典型推荐，“四治促建”家事纠纷治理模式被中国互联网新闻中心评为“2023法治获得感典型案例”。

一、多元解纷“治未病”，让更多纷争通过非诉化解

积极主动向县委请示汇报诉源治理工作，推动县委牵头法院、公安、检察、妇联等16家单位制定家事纠纷诉源治理实施方案，采取线上派单、结果反馈、个案联调等方式，实现行政和司法良性互动。吸纳婚姻家庭调解委员会入驻人民法庭，指导成立“法之光”志愿者协会，主动拓展多元解纷“朋友圈”。通过“同堂培训”及“金牌调解员”评选等活动，加大对人民调解的指导和支持力度，激发调解员参与解纷积极性，提升调解规范化、专业化水平。2022年以来，发送相关司法建议2条，

* 江西省横峰县人民法院党组书记、院长。

有 164 起家事纷争在诉前成功化解，家事诉讼案件同比下降 8.7%。

二、柔性司法“治心病”，使破裂情感得到抚慰修复

重建审判场景，重塑审判流程，重构辅助机制，充分释放基层法庭功能。将办公场所划分为纠纷缓冲、单向观察、心理咨询、案件审判、文化交流、防家暴庇护六个区域，承担起疏导、抚慰、调解、止争、保护、教育六大功能。精选 30 名家事调查员，特邀 7 名心理咨询师，形成特邀调解员诉前调解、家事调查员同步调解、法官和律师诉讼调解、心理咨询师心理调解四个调解矩阵，将调解贯穿办案始终。总结“四心三合”调解方法，做到坚守为民初心、聚合资源齐心、能动司法匠心、全程温情暖心，让调解符合人民群众朴素感情，符合社会主义核心价值，符合新时代司法要求。对涉未成年人案件制发家庭教育指导令，加大对夫妻共同财产申报令的核实问效，根据不同需求发放个性化离婚证明书，探索创新首份探望权自动履行承诺书，设置抚养权执行适应缓冲期，多措并举避免程序空转，努力实现案结事了。2021 年家事案件调撤率达 70.09%，2022 年上升至 81.6%，2023 年无一案上诉。

三、日常排查“治隐患”，将不稳定因素消除在萌芽状态

把人民法院调解平台引进乡村、社区和网格，构建线上线下“法官联系点”，打通司法服务“最后一公里”。2022 年以来，全县通过平台调解各类纠纷 1623 件，成功率达 63.92%。开展“法官联村”活动，组建“法官+调解员+网格员+群众代表”队伍，走村入户遍访群众，了解收集社情民意，排查化解风险隐患。根据“属地管理、分类负责”原则，对小微矛盾，第一时间摸清情况定分止争；对重点纠纷，联动责任单位防止发生“民转刑”；对诉讼案件，开展判后回访避免“案生案”；对非解纷类诉求，依托网格化管理，流转至责任部门。2022 年以来，人民法庭上门服务群众 82 次，回访案件 105 件，排查化解风险隐患 14 起。

四、德法并重“治风气”，培树新时代家庭文明新风尚

积极回应群众关切，把社会主义核心价值观融入释法说理，形成情理法交融统一的裁判活动，岑阳人民法庭办理的案件连续两年被评为全省家事审判典型案例。针对“高价彩礼”“铺张浪费”等不良风气，通过巡回审判、家庭教育辅导、指导修订村规民约等方式，引导群众转变观念。2022 年以来，开展巡回审判、家庭教育辅导 40 余次，指导修订村规民约 10 条，发布家事典型案例 16 件，辖区司铺乡刘家村被评为全国民主法治示范村（社区）。创新“岑阳夜话”“流动普法”“快板说唱”等普法形式，弘扬爱国爱家、向上向善的道德风尚。通过参与“书记管事连心”“香樟树下说家事”“逢四说事”等主题活动，助力提升乡村治理的法治化水平。

【理论前沿】

农村土地经营权的概念界分与合同效力认定

赵风暴*

农村土地“三权分置”改革是党中央作出的重大决策部署，是推进现代农业发展、加快农业农村现代化的重要举措。2018 年修正的农村土地承包法将党中央农村土地“三权分置”改革落实到具体的法律条文中，为改革提供了法律保障。由此，作为“三权分置”中的土地经营权得到了法律的确认和保护。民法典在吸收农村土地承包法的基础上再次明确了土地经营权的有关内容。然而，土地经营权作为一种新类型的权利，基于法律规定的抽象和司法解释的缺位，在概念认识和纠纷案件处理等方面仍存在混淆不清、裁判不一的现象。为此，笔者对土地经营权的相关问题进行了思考，期许有助于推动相关问题的认识和纠纷案件的处理。

一、相关概念界分

（一）土地经营权与土地承包经营权

土地经营权肇始于土地承包经营权，又有别于土地承包经营权。土地经营权是从土地承包经营权中分离出来的一种独立的权利。土地经营权为土地承包经营权所包含，但两个概念是在不同语境下的特定表述，仍有区分的必要，不能混用。从内涵上看，土地经营权是土地经营权人

* 最高人民法院民事审判第一庭法官。

占有农村土地，自主开展农业生产经营并取得收益的一种权利；土地承包经营权则是承包方（承包农户）承包土地后所享有的就承包土地自己经营或者流转他人经营的一种权利。相较于土地经营权，土地承包经营权除了涵括土地经营权外，还有承包权的内涵。从语境上看，土地经营权与土地承包经营权是在不同的语境中进行表述的。土地经营权是“三权分置”语境下存在的特定概念。如果农村土地没有“三权分置”，则无从谈及土地经营权，此时的土地经营权是土地承包经营权的应有之义。土地承包经营权则是承包农户承包土地后所享有的一种完整、原始的权利，此权利在承包方（承包农户）承包土地之后即享有。从农村土地承包法的规定看，该法第二章“家庭承包”中既有“土地承包经营权”的内容，又明确了“土地经营权”的有关内容。显然，土地承包经营权与土地经营权是在不同的语境下存在的特定的概念，需根据不同的语境、权利内容等作概念的区分和运用。

（二）权利主体变化的表述

“落实集体所有权、稳定农户承包权、放活土地经营权”为党中央农村土地“三权分置”改革的目标所在。2018年修正的农村土地承包法在规定土地经营权的基础上，又明确土地经营权再流转的规定，有力地贯彻了“放活经营权”的改革要求。在此情况下，土地经营权人可以依法将其所享有的土地经营权再次流转，从而发生了土地经营权主体的变化。从法律规定看，针对土地经营权主体的变化，所用的词语为流转，比如，农村土地承包法第三十六条规定：“承包方可以自主决定依法采取出租（转包）、入股或者其他方式向他人流转土地经营权，并报发包方备案。”又如，该法第四十六条规定：“经承包方书面同意，并向本集体经济组织备案，受让方可以再流转土地经营权。”由此可见，土地经营权主体的初次变化以及再次变化，法律所用的表述为流转。而土地承包经营权主体的变化，法律条文也有相应的规定。比如，农村土地承包法第三十三条规定：“承包方之间为方便耕种或者各自需要，可以对属于同一集体经济组织的土地的土地承包经营权进行互换，并向发包方备案。”第三十四条规定：“经发包方同意，承包方可以将全部或者部分的土地承包经营权转让给本集体经济组织的其他农户，由该农户同发包方确立新的承包关系，原承包方与发包方在该土地上的承包关系即行终止。”由此可见，土地承包经营权主体变化，法律所用表述为互换、转让，也即互换、转让的内容是承包方的土地承包经营权，土地经营权流转不再有互换、转让这两种形式。司法实践中，有的将土地承包经营权权利主体的变化表述为土地承包经营权流转，或者将土地经营权权利主体变化表述为土地经营权转让。严格来讲，上述表述是不当的，也不符合法律的有关规定。由此，针对土地经营权与土地承包经营权权利主体的变化，需注意区分变化的权利属性，并在此基础上准确表述，而不能混用土地经营权与土地承包经营权的权利主体变化之表述。

二、有关合同效力的几个问题

（一）未向发包方备案的土地经营权流转合同的效力问题

农村土地承包法第三十六条规定：“承包方可以自主决定依法采取出租（转包）、入股或者其他方式向他人流转土地经营权，并向发包方备案。”司法实践中，如果当事人所签订的土地经营权流转合同未向发包方备案，合同效力如何认定，则存在一定的争议。有的认为，发包方是农村土地所有权主体，对于土地经营权流转具有法定的监督权，未进行备案，则发包方依法所享有的监督权无法有效行使，因此，未向发包方备案的土地经营权流转合同应为无效合同。有的认为，土地经营权是承包方所享有的权利，土地经营权流转合同是否向发包方备案，并不影响土地经营权流转合同的效力，否则，则侵犯了承包方的自主经营权。笔者认为，是否备案并不是土地经营权流转合同的生效要件。首先，从民法典的规定看，民法典第三百三十九条在吸收农村土地承包法第三十六条规定内容的基础上，删除了有关“向发包方备案”的规定内容。由此，基于法律适用规则，应依照民法典的最新规定对土地经营权流转行为进行规范。其次，从党中央农村土地“三权分置”改革的要求看，“放活土地经营权”是“三权分置”改革政策的基本要求之一。对于未经发包方备案的土地经营权流转合同为有效合同的处理，正契合并有力地贯彻了党中央“放活土地经营权”的改革要求。

（二）改变土地农业用途合同的效力问题

司法实践中，当事人所订立的土地经营权流转合同改变了土地的农业用途性质，那么，合同效力应是如何？有的认为，合同为效力待定合同。如当事人已办理变更登记手续，土地可以用于非农建设，则为有效合同；反之，则为无效合同。有的认为，不得改变农业用途，不得破坏农业综合生产能力和农业生态环境是土地经营权流转必须坚持的原则，如违反该原则，合同为无效合同。笔者认为，上地经营权流转合同如果改变了土地用途，应为无效合同。首先，土地管理法第二十五条第一款规定：“经批准的土地利用总体规划的修改，须经原批准机关批准；未经批准，不得改变土地利用总体规划确定的土地用途。”改变了土地用途的土地经营权流转合同违反了前述法律的强制性规定。其次，从相关政策看，党中央高度重视耕地保护和粮食安全，在出台的中央一号文件中多次强调强化耕地用途管制，严格管控耕地转为其他农用地，严守18亿亩耕地红线，确保国家粮食安全。在此情况下，只有认定合同无效，才能切实贯彻党中央耕地保护的决策部署要求。最后，从合同标的看，土地具有其特殊性，关系国计民生，不同于一般交易商品。因此，不能将合同效力待定等合同标的扩大适用于关系国计民生根本的农业土地。对此予以特殊的司法保护，符合党中央的决策部署要求。

（三）流转期限超出承包期剩余期限合同的效力问题

从农村土地承包法的规定看，法律对土地经营权流转期限并没有直接规定，仅明确不得超出承包期的剩余期限。司法实践中，有的土地经营权流转合同约定了很长的流转期限，甚至超过了土地经营权的承包期限，合同效力该如何认定？有的认为，土地经营权流转合同属于租赁合同的一种，在没有相关法律规定租赁期限的情况下，根据民法典的规定，租赁期限超过二十年的部分无效。有的认为，耕地承包期为三十年，草地的承包期为三十年至五十年。林地的承包期为三十年至七十年。土地经营权流转合同的期限没有超过法律规定的承包期限的，即使超过了二十年也应为有效合同。笔者认为，流转期限较长的土地经营权流转合同是否有效，取决于土地经营权流转期限是否超出剩余承包期。如果超出剩余承包期，超出的部分无效，而未超出剩余承包期限的部分有效。首先，从农村土地承包法第三十八条的有关规定看，流转期限不得超过承包期的剩余期限为土地经营权流转应遵循的基本原则之一。从法律对土地经营权流转合同的规定看，除了前述规定外，还有诸如该条第二项不得改变土地所有权的性质和土地的农业用途，不得破坏农业综合生产能力和农业生态环境等规定。基于改变了土地用途的土地经营权流转合同为无效合同，因此，对于法律明确流转期限不得超过承包期的剩余期限的后果应作相同的认定。其次，从流转标的物的性质看，土地经营权流转在性质上与民法典中的租赁有所不同。土地经营权人流转的对象是土地经营权，实质上是承包经营权人对其享有的部分权利的限期转让，并非所有权人对其所有物的处分行为。将租赁期限的法律规定适用土地经营权流转合同期限，忽视了标的物的差异性。最后，从法律适用规则看，农村土地承包法为直接规定农村土地承包经营的特别法，民法典合同编中有关租赁合同的规定为一般规定，基于特别法优于普通法的原则，应当适用农村土地承包法中的有关条文，而不能适用民法典中有关租赁合同的规定。

（四）侵害集体经济组织成员优先权的土地经营权流转合同的效力问题

农村土地承包法第三十八条第五项明确了本集体经济组织成员的优先权。土地经营权流转合同侵害了集体经济组织成员的优先权的，合同效力应如何认定，也存在不同认识。有的认为，侵害集体经济组织成员优先权的土地经营权流转合同为无效合同，该观点认为优先权为农村集体经济组织其他成员的法定权利，如当事人订立的土地经营权流转合同侵害了优先权，则为无效合同。有的认为，侵害集体经济组织成员优先权的合同并非无效，而是有效合同。该观点认为，法律明确规定，同等条件下，本集体经济组织成员具有优先权主要是考虑到本集体经济组织成员对于本集体的土地更为熟悉，由其经营便于农业生产，但该规定并非效力性强制性规定，违反该规定内容并不导致合同无效。笔者认为，当事人所订立的土地经营权流转合同即使侵犯了集体经济组织成员的优先权，并不导致合同无效。首先，从法律规定看，在法律关于土地经营权流转应遵循的原则规定中，影响合同效力的规定所用的表述为“不得”，而对于侵犯集体经济组织成员优先权的规定，仅从正面明确本集体经济组织成员在同等条件下享有优先权，并未作禁止性规定，而是作一般的表述。故从字面意义上不能将本集体经济组织成员所享有的优先权的规定与“不得改变土地所有权的性质和土地的农业用途，不得破坏农业综合生产能力和农业生产环境”的禁止性规定等同对待和处理。其次，土地经营权流转合同在性质上属于租赁合同。基于此类合同与租赁合同具有类似性，可参照适用租赁合同的相关规定。比如，民法典第七百二十八条规定：“出租人未通知承租人或者有其他妨害承租人行使优先购买权情形的，承租人可以请求出租人承担赔偿责任。但是，出租人与第三人订立的房屋买卖合同的效力不受影响。”参照前述规定，侵害本集体经济组织成员优先权的土地经营权流转合同的效力应不受影响。在此需注意的是，即使土地经营权流转合同有效，受让人能否依据合同实际取得土地经营权，应根据案件基本情况综合判断，未必会实际影响集体经济组织其他成员依法所享有的优先权。比如，如果土地经营权未经登记，则已经登记的土地经营权人（家庭承包）或者承包方（其他方式的承包）将取得土地经营权。

个人信息保护法构建数字治理新格局

王　伟*

摘要：个人信息保护法是个人信息权益保护的专门法。这部法律顺应了数字时代的发展要求，集中体现了数字治理的中国智慧和中国方案。该法的特色和亮点可以概括为“一二三四五”，即坚持一个定位，构建两类秩序，营造三类环境，突出四大原则，建设五大机制。其中，以民、商、社、政、司五类主体为核心，所构建的权利保障、义务实现、社会监督、政府监管、司法救济等五大机制，在个人信息保护领域形成了良好的治理格局，为数字时代的个人信息保护奠定了更加坚实的法治基础。为进一步贯彻落实个人信息保护法的立法宗旨，实现立法目标，需不断加强个人信息保护法的实施，构建有效的数字治理体系，切实保护个人信息。

关键词：个人信息保护法　数字治理　数字法治　中国智慧

一、观察个人信息保护法的五个维度

2021 年 8 月 20 日，第十三届全国人大常委会正式通过了个人信息保护法。这是在全面依法治国的背景下，在个人信息保护领域出台的一部

---

* 中央党校（国家行政学院）政法部民商经济法室主任、教授；2021 年挂职最高人民法院民一庭副庭长。

重要立法。其中，以电子数据形式记录的个人信息的保护，既是当前数字时代提出的新课题，也是本次立法的重中之重。这部法律以习近平法治思想为指导，顺应我国数字法治建设的崭新要求，为实现数字领域的公平正义奠定了坚实的法治基础。个人信息保护法全面系统完整地构建了个人信息保护的法律制度，是我国在数字政府、数字经济、数字社会领域法治理念的集中体现，为个人信息保护贡献了中国方案，彰显了中国智慧。

笔者认为，这部立法的特色和亮点，可以概括为“一二三四五”，即坚持一个定位，构建两类秩序，营造三类环境，突出四大原则，建设五大机制。

（一）坚持一个定位

个人信息保护法以维护个人信息权益为核心，是个人信息保护领域的专门法。该法延续和细化了民法典人格权编关于隐私权和个人信息保护的有关规定，有效衔接了数据安全法、网络安全法、电子商务法等相关立法。第一条开宗明义指出其立法宗旨是“为了保护个人信息权益，规范个人信息处理活动，促进个人信息合理利用”，这也是《关于〈中华人民共和国个人信息保护法（草案）〉的说明》中“制定一部个人信息保护方面的专门法律”的体现。[①] 第二条进一步强调“自然人的个人信息受法律保护，任何组织、个人不得侵害自然人的个人信息权益”。以前述立法宗旨为引领，该法将与个人相关的绝大多数信息纳入立法调整，保护范围较为全面。同时，专设“敏感个人信息的处理规则”一节，用五个条文，将生物识别、宗教信仰、特定身份、医疗健康、金融账户、行踪轨迹等信息，以及不满十四周岁未成年人的个人信息等敏感个人信息纳入特别保护范围。这些规定体现了个人信息保护法的立法目的和基本

---

① 《全国人民代表大会常务委员会法制工作委员会关于〈中华人民共和国个人信息保护法（草案）〉的说明》指出：“为及时回应广大人民群众的呼声和期待，落实党中央部署要求，制定一部个人信息保护方面的专门法律，将广大人民群众的个人信息权益实现好、维护好、发展好，具有重要意义。”

理念，清晰地表明了该法作为一部权利保护法的法律定位，符合我国当前经济社会发展实际及数字时代的发展要求。

（二）构建两类秩序

个人信息保护法着眼于构建良好的私法秩序和公法秩序，具有强烈的公法私法融合调整的特征。一方面，该法规定了平等民商事主体之间的关系，明确了自然人所享有的信息权利，以及信息处理主体在个人信息处理活动中的义务。例如，第十三条规定了个人信息处理者有权处理个人信息的情形，其中包括“取得个人的同意”；“为订立、履行个人作为一方当事人的合同所必需”；“为履行法定职责或者法定义务所必需”；“为公共利益实施新闻报道、舆论监督等行为，在合理的范围内处理个人信息”等。另一方面，鉴于个人信息处理者不仅包括私权利主体，同时也包括公权力主体，故立法规定了相关公权力主体处理个人信息的规则。例如，第三十四条明确：“国家机关为履行法定职责处理个人信息，应当依照法律、行政法规规定的权限、程序进行，不得超出履行法定职责所必需的范围和限度。”第三十五条则规定了国家机关为履行法定职责处理个人信息时，应当履行告知义务。另外，个人信息保护法第六章还专门规定了相关政府部门、司法机关在履行个人信息保护方面的监督管理、司法救济等职责。私法秩序与公法秩序并重的立法模式，有助于实现对个人信息权益的全面保护。

（三）营造三类环境

个人信息保护法通过对个人信息的保护，营造有利于个人利益保护的消费环境、有利于商家有序争胜的竞争环境和有利于数字经济发展的营商环境。例如，该法第二十四条规定：“个人信息处理者利用个人信息进行自动化决策，应当保证决策的透明度和结果公平、公正，不得对个人在交易价格等交易条件上实行不合理的差别待遇。通过自动化决策方式向个人进行信息推送、商业营销，应当同时提供不针对其个人特征的选项，或者向个人提供便捷的拒绝方式。通过自动化决策方式作出对个人权益有重大影响的决定，个人有权要求个人信息处理者予以说明，并有权拒绝个人信息处理者仅通过自动化决策的方式作出决定。”这一规定直指数字经济发展中的“算法歧视”等现实问题，既带有强烈的问题导向，也非常具有前瞻性，其周全的制度安排有助于保护消费者的合法权益，净化数字时代的消费环境。该法第五十八条规定，重要互联网平台应当制定平台规则，明确平台内产品或者服务提供者处理个人信息的规范和保护个人信息的义务，对严重违反法律、行政法规处理个人信息的平台内的产品或者服务提供者，应当停止提供服务。这些法律规则，与电子商务法等立法协同构建了电子商务领域的有效治理机制，防止滥用个人信息进行不正当竞争，有助于形成公平、合理、有序的互联网市场竞争环境，为形成有利于数字经济发展的营商环境提供了法治基础。

（四）突出四大原则

个人信息保护法第五条规定，处理个人信息应当遵循合法、正当、必要和诚信等四大原则，不得通过误导、欺诈、胁迫等方式处理个人信息。这为个人信息的保护提供了根本遵循和总体要求。合法、正当、必要原则沿袭了网络安全法第四十一条、民法典第一千零三十五条的规定，诚信原则为新增，即个人信息处理者在相关活动中应当秉持诚实，恪守承诺。四大原则集中体现了社会主义核心价值观融入法律体系的法治要求。以此为基础，该法确立了个人信息处理中的目的正当、最少够用等法治理念，符合数字时代信息利用的现实要求。

（五）建设五大机制

个人信息保护法以民、商、社、政、司五类主体为核心，构建了相应的权利保障、义务实现、社会监督、政府监管、司法救济等五大机制。个人信息保护法所构建的这五大机制，是近年来我国推动国家治理体系和治理能力现代化一系列理论和理念的立法表达，从个人信息保护角度，集中体现了数字治理的中国智慧和中国方案。

二、解构个人信息保护法的数字治理体系

按照前述逻辑，笔者对五类主体、五大机制进行延伸讨论，剖析个人信息保护法所构建的数字治理体系。

（一）从“民”的角度，构建了民事主体的权利保护机制

个人信息保护法通过赋予个人必要的权利，对在信息保护方面居于弱势地位的个人进行必要的立法倾斜。该法第四章“个人在个人信息处理活动中的权利”，用七个条文专门规定了个人在个人信息处理活动中的权利。由此，立法以“告知同意”原则为基础，强化个人信息自决，进而构建了包括知情权、决定权、查阅和复制权、异议和更正权、删除权等权利体系，夯实了个人信息保护的权利基础。

（二）从“商”的角度，构建了个人信息处理者的义务实现机制

伴随着网络信息科技的迅猛发展，互联网迎来了复杂数字化阶段，大数据成为经济运行的显著特点之一。[①] 数字经济时代对个人信息的利用需求无处不在，既包括公共领域的利用，也包括商业领域的利用。总体来看，公共领域对个人信息的利用，主要是服务于市场监管、公共服务等方面的需要，侵害个人信息权益的问题并不突出。但在商业利用过程中，由于利益驱动所带来的滥用个人信息，损害个人信息权益的问题则相对突出，是个人信息保护的优先和重点领域。强化个人信息处理者的义务，首先是强化经营者的义务。因此，强化相关经营者（尤其是提供重要互联网平台服务的主体）在交易活动中对个人信息保护的法定义务，加强法治约束，是个人信息保护法的重要立法理念。商事主体在个人信

① 参见赵国栋、易欢欢、糜万军、鄂维南：《大数据时代的历史机遇：产业变革与数据科学》，清华大学出版社 2013 年版，第 6 页。

息处理活动中的义务遵循机制，集中体现在该法第五章“个人信息处理者的义务”中的相关规定。通过明确相关数字经济经营者的义务体系，矫正个人和经营者在经济地位、信息优势、组织优势等方面的不平衡，从而对消费者给予更为有效的保护。如果说赋予个人必要的权利是一种正向的保护机制，那么强化相关经营者的义务则是一种反向的保护机制。同时，个人信息保护法还专章规定了“个人信息跨境提供的规则”，在“个人信息处理规则”一章中专设“敏感个人信息的处理规则”一节，为个人信息处理确立规则，划定底线，能够周全地维护个人信息权益。让个人享有更多的权利，让经营者承担更重的义务，从而矫正彼此之间力量的不平衡，是这部法律的重要特点。

（三）从“社”的角度，构建了社会公众的监督和共治机制

在数字时代，相比较信息处理者的优势地位而言，个人的力量是比较弱小的。借助于行业协会（商会）、新闻媒体、社会公众等社会力量，可以补强个人力量不足的短板，从而对个人信息处理者形成更为有效的社会约束。通过举报投诉、媒体监督、行业自律等机制，可以形成人人参与个人信息保护的社会共治格局，形成良好的社会环境。个人信息保护法第十一条规定：“国家建立健全个人信息保护制度，预防和惩治侵害个人信息权益的行为，加强个人信息保护宣传教育，推动形成政府、企业、相关社会组织、公众共同参与个人信息保护的良好环境。”第六十五条第一款规定，任何组织、个人有权对违法个人信息处理活动向履行个人信息保护职责的部门进行投诉、举报。这些规定是新时代社会共治理念的集中体现。

（四）从“政”的角度，构建了政府部门的行政监管机制

个人信息保护往往涉及众多社会成员的公共利益，不能仅仅依靠私法手段，否则将难以矫正个人的弱势地位，加大维权的成本和难度。从域外经验及我国实践来看，行政监管是实施有效管理，缓和信息不对称、

实力不对等问题的重要手段。为此，个人信息保护法规定了相应的监管机制，赋予了监管部门必要的监管职责和权力，要求国家网信部门、国务院有关部门、县级以上地方人民政府有关部门在各自职责范围内负责个人信息保护和监督管理工作。在个人信息保护领域所构建的行政监管机制，是我国数字治理实践经验的总结和提升，契合党的十九届四中全会关于打造现代政府治理体系的重要要求。

（五）从"司"的角度，构建了司法机关的权利救济机制

司法是公平正义的最后一道防线。通过司法程序对侵害个人信息权益的行为实施相应的法律救济，是个人信息保护的重要内容。个人信息保护法第五十条第二款规定："个人信息处理者拒绝个人行使权利的请求的，个人可以依法向人民法院提起诉讼。"第六十九条对个人信息处理者的损害赔偿责任及相应的责任范围进行了规定。第七十条则规定了个人信息保护的公益诉讼机制，即"个人信息处理者违反本法规定处理个人信息，侵害众多个人的权益的，人民检察院、法律规定的消费者组织和由国家网信部门确定的组织可以依法向人民法院提起诉讼"。

个人信息保护法系统完整地构建了个人信息保护的法律规则，尤其是回应了数字时代个人信息保护的法治要求。作为个人信息权益保护的专门法，在民、商、社、政、司这样的治理框架之下，个人信息保护法将政府治理体系、社会治理体系等机制有机融合，提出了一套完善的数字治理体系和方案。这个治理体系包含了民事、商事、社会、行政、司法等多元主体，运用了私法和公法等多种手段，必将在个人信息保护领域形成良好的治理格局，为数字时代个人信息的保护奠定更加坚实的法治基础。

三、加强个人信息保护法实施的若干重点

个人信息保护法通过构建五大机制，从各个方面助力于维护个人信息权益，具有里程碑意义。随着数字中国建设的蓬勃发展，个人信息保

护的重要性越发凸显。加强个人信息保护法的实施，是推动个人信息保护的重要任务。

（一）构建有利于个人信息保护的数字治理体系

个人信息保护涉及每一位社会个体，需要社会各方参与共治，共同实施治理。基于数字时代的社会治理要求，要发挥民、商、社、政、司等多元治理主体各自的优势，构建公权、私权、社会互动合作的治理机制。顺应数字时代的发展趋势，以个人信息保护法为根据，构建多元主体参与、多元手段并用的数字治理体系，强化个人信息处理者的义务和责任，实现对个人信息更加周全的保护。

（二）促进不同法律体系之间的协同配合

数字时代的法治建设，需要私法、公法和社会法协同发力，有效规制数字法律秩序，最终实现数字正义。[①] 个人信息保护并非单靠一部个人信息保护法就能实现。民法典、网络安全法、数据安全法、反垄断法、反不当竞争法等立法，既是数字经济时代的重要立法，也是个人信息保护的基础性立法。强化个人信息保护法与相关法律制度的协同，从不同的维度构建个人信息保护的严密法治网络，是实施个人信息保护法的重要路径。其中，尤其要注重推进规则之间的协同，确保法律实施的统一性，更好维护个人信息权益。例如，作为民法典的延续与细化，个人信息保护法与民法典在适用上存在一些不适配的地方。个人信息保护法第六十九条第一款规定处理个人信息侵害个人信息权益造成损害的，适用过错推定责任，民法典第一千零三十四条第三款规定“个人信息中的私密信息，适用有关隐私权的规定；没有规定的，适用有关个人信息保护的规定”，即侵害私密信息适用隐私权的一般过错责任。当一个行为侵害私密信息时，可能引发过错推定责任与一般过错责任的竞合。[②] 对于此类

① 参见王伟、任豪：《数字中国建设的法治保障》，载《法律适用》2021 年第 12 期。

② 参见王道发：《个人信息处理者过错推定责任研究》，载《中国法学》2022 年第 5 期。

法律适用问题，未来应当通过完善法律规则、制定司法解释、发布指导性案例等方式予以协调，促进法律制度之间的内在和谐。

（三）进一步细化个人信息保护规则体系

个人信息保护法对数字经济时代社会关注的热点问题进行了回应，但是部分条款规定相对原则、概括和抽象，可操作性不够强，需要进一步进行细化和完善。例如，个人信息保护法第十六条对实践中过度索取用户信息、以拒绝产品或服务迫使用户同意隐私政策等问题进行了规定，但该条后半部分规定的例外情形“处理个人信息属于提供产品或者服务所必需的除外”则容易引发分歧。“必需”一词无疑是一个较为模糊的表达，这就带来了法律适用方面的难题，是初期的提供必需，还是优化服务时期的提供必需。如不对此类关键术语作出更加明晰的解释，可能会为个人信息处理者避责留下空间。又如，该法第四十五条规定了个人信息可携带权，但是该条仅概括性地确认了个人的请求权，对于可携带的信息类型、可携带权的具体适用场景等并未明确，导致条文的可操作性不够强。这些问题，未来可通过制定相应的司法解释、发布监管指引、制定行业标准等方式，从规则落地的角度细化相关规则。例如，基于实践中信息处理者过度索取用户信息的现象，可限缩“处理个人信息属于提供产品或者服务所必需”的认定范围；填充可携带权运行的规则体系，针对不同的适用场景设定信息可携带权的具体规则，针对企业商业利用和政府履行法定职责等场景分别确立相应的规则体系等。①

（四）平衡好个人信息权益与合理利用个人信息之间的关系

数字经济时代，数据成为继土地、劳动力、资本、技术之后的又一重要生产要素。② 全息化、多样化的大规模个人数据信息，是社会治理、

① 参见郭江兰：《数据可携带权保护范式的分殊与中国方案》，载《北方法学》2022 年第 5 期。

② 2020 年 4 月 9 日，中共中央、国务院发布《关于构建更加完善的要素市场化配置体制机制的意见》提出：加快培育数据要素市场。推进政府数据开放共享；提升社会数据资源价值；加强数据资源整合和安全保护。

企业创新、科学文艺多样化发展的重要资源。① 个人信息之上涉及多元主体、多种利益，除个人信息权益保护之外，还包括企业通过收集处理个人信息推销商品或服务的需求、国家机关利用个人信息提升社会治理水平和维护公共安全的需求等。② 依法合理利用个人信息能够带来积极的社会效果。个人信息保护应协调好信息利用、创新发展与个人信息权益保护之间的关系。我们应当正视数字时代合理利用个人信息所带来的正面的经济效益和社会效果，通过完善数字产权界定、维护交易秩序、促进公平竞争等方式，在个人信息权益保护和利用与合理利用个人信息之间寻求最佳的利益衡平。

（五）强化个人信息保护的政府责任

国家机关依托公权力处理个人信息的活动具有一定的强制性，可能会对个人人格权益产生不利影响，应当进一步强化政府对个人信息的保护责任，防止不当减损个人权利、加重个人义务。个人信息保护法第二章第三节对国家机关处理个人信息进行了专门规定，从权限合法、程序合法、内容合法等角度提出了国家机关处理个人信息的法定要求。从未来的发展来看，以目录、清单等方式廓清公权力采集和处理个人信息边界，强化国家机关处理个人信息的义务和责任，加大对非法处理个人信息行为的问责等，是强化个人信息保护的重要内容。

---

① 参见高富平：《个人信息保护：从个人控制到社会控制》，载《法学研究》2018 年第 3 期。

② 参见程啸：《论我国个人信息保护法中的个人信息处理规则》，载《清华法学》2021 年第 3 期。

【涉彩礼纠纷专题】

最高人民法院发布《关于审理涉彩礼纠纷案件适用法律若干问题的规定》新闻发布稿

《最高人民法院关于审理涉彩礼纠纷案件适用法律若干问题的规定》（以下简称《规定》）已于2023年11月13日由最高人民法院审判委员会第1905次会议审议通过，自2024年2月1日起施行。

一、制定背景和意义

近年来，多地彩礼数额持续走高，形成攀比之风。这不仅背离了彩礼的初衷，使彩礼给付方家庭背上沉重的经济负担，也给婚姻稳定埋下隐患，不利于社会文明新风尚的弘扬。党的二十大报告提出，要提高全社会文明程度。2021年以来，“中央一号文件”连续三年对治理高额彩礼、移风易俗提出工作要求。从司法实践反映的情况看，涉彩礼纠纷案件数量近年呈上升趋势，甚至出现因彩礼返还问题引发的恶性刑事案件。为贯彻落实党的二十大精神和“中央一号文件”要求，回应人民关切，最高人民法院全面总结近年来司法实践经验，经过充分调研、反复论证、广泛征求意见，制定了《规定》。《规定》具有如下重要意义。

第一，有助于弘扬社会主义核心价值观。移风易俗是社会文明进步的重要标志。彩礼作为我国传统婚嫁习俗，有广泛的社会文化基础。但是，超出家庭正常开支的彩礼成为很多家庭的沉重负担，在婚龄较短的情况下，造成双方利益失衡，彩礼纠纷数量增多。针对这一问题，人民法院应根据诚信原则，予以适当调整，妥善平衡双方利益。有些人甚至借彩礼之名行诈骗之实，严重损害彩礼给付方合法权益，司法更应坚决予以打击。《规定》旗帜鲜明地反对借婚姻索取财物，对于弘扬健康、节俭、文明的婚嫁新风，推动文明乡风建设，有重要意义。

第二，有助于推动提升高额彩礼专项治理效果。2022 年 8 月，农业农村部、中央组织部、中央宣传部等八个部门联合发布《开展高价彩礼、大操大办等农村移风易俗重点领域突出问题专项治理工作方案》，提出治理的目标是高价彩礼等陈规陋习在部分地区持续蔓延势头得到有效遏制，农民群众在婚丧嫁娶中的彩礼等支出负担明显减轻。《规定》通过明确裁判规则，能够给予相关当事人以行为指引，助力引导人民群众更加理性地看待彩礼问题，让彩礼回归“礼”的本质，推动提升高额彩礼专项治理效果。

第三，有助于统一法律适用标准，依法平衡双方利益。《最高人民法院关于适用〈中华人民共和国民法典〉婚姻家庭编的解释（一）》[以下简称《民法典婚姻家庭编解释（一）》] 规定了三种可返还彩礼的情形，包括双方未办理结婚登记手续、双方已办理结婚登记但确未共同生活以及婚前给付导致给付人生活困难。但是，近年来，涉彩礼案件出现以下两个新情况：一是已经办理结婚登记且已共同生活，但是共同生活时间较短；二是仅按当地习俗举办婚礼即共同生活但未办理结婚登记。该两类案件无法适用上述司法解释规定，彩礼是否返还以及如何确定返还比例成为审判实践的难点。《规定》基于彩礼的目的性赠与特征，综合考虑共同生活、孕育情况、双方过错等因素，在《民法典婚姻家庭编解释（一）》的基础上，完善相关裁判规则，有助于统一类案的法律适用标准，妥善平衡双方利益。

二、主要内容

《规定》针对司法实践中存在的彩礼认定范围、彩礼返还原则、诉讼主体资格等重点难点问题予以规范，与《民法典婚姻家庭编解释

（一）》结合，形成逻辑完整的彩礼纠纷法律适用规则。

一是重申禁止借婚姻索取财物。民法典第一千零四十二条第一款规定，“禁止借婚姻索取财物”。借婚姻索取财物违反了婚姻自由原则，应当坚决予以打击。《规定》明确，以彩礼为名借婚姻索取财物，另一方要求返还的，人民法院应予支持。

二是明确彩礼与恋爱期间一般赠与的区别。彩礼与恋爱期间的一般赠与相比，虽然当事人的目的和动机相似，但是彩礼的给付一般是基于当地风俗习惯，直接目的是缔结婚姻关系，有其相对特定的外延范围。为此，《规定》明确，在认定某一项给付是否属于彩礼时，可以根据一方给付财物的目的，综合考虑双方当地习俗、给付的时间和方式、财物价值、给付人及收受人等事实认定。比如，可以考察给付的时间是否是在双方谈婚论嫁阶段、是否有双方父母或介绍人商谈，财物价值大小等事实。《规定》同时以反向排除的方式明确了几类不属于彩礼的财物，包括一方在节日、生日等有特殊纪念意义时点给付的价值不大的礼物、礼金，一方为表达或者增进感情的日常消费性支出等。此类财物或支出，金额较小，主要是为了增进感情，在婚约解除或离婚时，可以不予返还。

三是明确涉彩礼纠纷的诉讼主体。彩礼返还纠纷中，程序上存在的主要争议问题是婚约双方的父母能否作为诉讼当事人。在中国的传统习俗中，儿女的婚姻一般由父母操办，给付、接收彩礼也大都有双方父母参与。《规定》充分考虑上述习俗，区分两种情况：一是婚约财产纠纷。此类案件原则上以婚约双方当事人作为诉讼主体，但考虑到实践中，彩礼的给付方和接收方并非限于婚约当事人，双方父母也可能参与其中，为尊重习俗，同时也有利于查明彩礼数额、彩礼实际使用情况等案件事实，《规定》明确，婚约财产纠纷中，婚约一方及其实际给付彩礼的父母可以作为共同原告，婚约另一方及其实际接收彩礼的父母可以作为共同被告。二是离婚纠纷。考虑到离婚纠纷的诉讼标的主要是解除婚姻关系，不宜将婚姻之外的其他人作为当事人，故《规定》明确，离婚纠纷中，一方提出返还彩礼诉讼请求的，当事人仍为夫妻双方。

四是完善彩礼返还规则。近年来，涉彩礼纠纷出现新情况、新问题。《民法典婚姻家庭编解释（一）》虽规定了彩礼返还问题，但在法律逻辑上，尚有两种情况未予规定，需要完善相关规则：一是已经办理结婚登记并共同生活；二是未办理结婚登记但已经共同生活。在第一种情况下，双方已办理结婚登记手续并共同生活，离婚时一方请求返还按照习俗给付的彩礼的，人民法院一般不应予以支持。但是，也要看到，给付彩礼的目的除了办理结婚登记这一法定形式要件外，更重要的是双方长期共同生活。因此，共同生活时间长短应当作为确定彩礼是否返还以及返还比例的重要考量因素。在“闪离”的情况下，如果对相关返还彩礼的诉讼请求完全不予支持，尤其是举全家之力给付的高额彩礼，会使双方利益明显失衡，司法应当予以适当调整，根据彩礼实际使用及嫁妆情况，综合考虑彩礼数额、共同生活及孕育情况、双方过错等事实，确定是否返还以及返还的具体比例。在第二种情况下，如果双方未办理结婚登记的，原则上彩礼应当予以返还。但亦不应当忽略共同生活的“夫妻之实”。该共同生活的事实一方面承载着给付彩礼一方的重要目的，另一方面会对女性身心健康产生一定程度的影响，尤其是曾经有过妊娠经历或生育子女等情况的。如果仅因未办理结婚登记而要求接受彩礼一方全部返还，有违公平原则，也不利于保护妇女合法权益，应当根据彩礼实际使用及嫁妆情况，综合考虑共同生活及孕育情况、双方过错等事实，确定是否返还以及返还的具体比例。《规定》对此用两个条文予以规定。

要特别说明的是，为广泛听取社会各界意见，更好回应人民群众关切，2023 年 12 月 11 日，最高人民法院就《规定》向社会公开征求意见，共收到 200 余份反馈意见。我们对反馈意见高度重视，逐份进行了认真梳理和慎重研究。就其中的扩大诉讼主体范围、规定嫁妆处理规则、明确借婚姻索取财物具体形式、共同生活界定等意见，反复进行研究。

我们认为，第一，关于诉讼主体范围。婚约财产纠纷案件中，适当将诉讼主体由婚约当事人扩大到其父母，符合传统习俗，但如果扩大到其他亲属，将导致过多人牵涉诉讼，严重影响诉讼效率，也容易激化矛盾。对于有的婚约当事人父母早亡，由其他亲属抚养长大并在彩礼给付接收中代行父母职责的情况，我们在《规定》起草过程中已予以特别关注。但是，考虑到个案情况千差万别，亦无明确的法律或习俗概念界定该类人员，为保证司法解释准确清晰，《规定》未作扩大表述。实践中，如出现此种特殊情况，可以基于习俗，参照适用《规定》处理。第二，关于嫁妆处理规则。作为与彩礼相伴相生的婚嫁习俗，嫁妆目前仍较为普遍，但不同地区、不同家庭可能存在较大差别。为此，《规定》第五条和第六条均明确在彩礼返还时要考虑嫁妆情况，即应当扣减已经共同消费或已经添附到男方财产上的嫁妆数额。此外，传统上一般认为，离婚时，尚存的嫁妆应归女方，现实生活中亦对此争议不大，从审判实践情况看，仅就嫁妆返还产生的纠纷极少，故《规定》未就嫁妆返还问题再作单独规定，逻辑上可以参照《规定》处理。下一步，我们将继续总结审判实践经验，通过发布典型案例等方式加强监督指导。第三，关于借婚姻索取财物的具体形式。借婚姻索取财物与彩礼在实践中不能简单以是否有结婚意愿作为区分标准，因为有的情况即使当事人有结婚意愿，也可能借机索取财物，且结婚意愿作为主观因素在诉讼中亦需要客观事实证明，实践中当事人很难举证证明。有意见提出，收受彩礼后携款潜逃或者短期内多次以缔结婚姻为名收取高额彩礼后无正当理由悔婚的，应认定为借婚姻索取财物。我们认为，如果有证据证明存在上述情形，一方根据《规定》第二条，请求对方返还的，人民法院应予支持。实践中，如果情形严重，甚至已涉嫌刑事犯罪的，人民法院对该种行为应当坚决予以打击。第四，关于共同生活的认定。有意见提出，应当明确共同生活多长时间即可以不需要返还彩礼。考虑到彩礼返还比例不仅需要考虑共同生活时间，还要考虑孕育情况、双方过错等事实，不同因素叠加会出现各种不同组合，规定具体的时间反而可能损害一方当事人的利益。因此，《规定》未就具体的生活时间进行规定。实践中应当依据个案具体情况综合认定。此外，有意见提出，不应将是否孕育作为彩礼返还的考量因素。最高人民法院一直高度重视对妇女权益的保护，考虑到女性在妊娠、分娩、抚育子女等方面的付出，《规定》明确将此作为酌情减少彩礼返还甚至不予返还的考量因素，以更好保护妇女合法权益。比如，最高人民法院此前发布的一件涉彩礼典型案例，双方虽未办理结婚登记，但已按照当地习俗举办婚礼并共同生活、生育子女，法院判决不予返还彩礼。

此外，我们根据反馈意见，对相关内容进行了修改完善，例如，将征求意见稿第五条和第六条中的“孕育子女”修改为“孕育情况”，以涵盖终止妊娠等情形。又如，将征求意见稿第五条和第六条中的“共同生活时间”修改为“共同生活情况”，以指引法官在考量共同生活事实时，不能简单计算时间长短，还需要综合考虑是否实际一起居住、未实际共同居住的原因等。反馈意见对于完善《规定》内容起到了重要作用。

最高人民法院
关于审理涉彩礼纠纷案件适用法律若干问题的规定

法释〔2024〕1号

（2023年11月13日最高人民法院审判委员会第1905次会议通过
2024年1月17日最高人民法院公告公布
自2024年2月1日起施行）

为正确审理涉彩礼纠纷案件，根据《中华人民共和国民法典》、《中华人民共和国民事诉讼法》等法律规定，结合审判实践，制定本规定。

第一条 以婚姻为目的依据习俗给付彩礼后，因要求返还产生的纠纷，适用本规定。

第二条 禁止借婚姻索取财物。一方以彩礼为名借婚姻索取财物，另一方要求返还的，人民法院应予支持。

第三条 人民法院在审理涉彩礼纠纷案件中，可以根据一方给付财物的目的，综合考虑双方当地习俗、给付的时间和方式、财物价值、给付人及接收人等事实，认定彩礼范围。

下列情形给付的财物，不属于彩礼：

（一）一方在节日、生日等有特殊纪念意义时点给付的价值不大的礼物、礼金；

（二）一方为表达或者增进感情的日常消费性支出；

（三）其他价值不大的财物。

第四条 婚约财产纠纷中，婚约一方及其实际给付彩礼的父母可以作为共同原告；婚约另一方及其实际接收彩礼的父母可以作为共同被告。

离婚纠纷中，一方提出返还彩礼诉讼请求的，当事人仍为夫妻双方。

第五条 双方已办理结婚登记且共同生活，离婚时一方请求返还按照习俗给付的彩礼的，人民法院一般不予支持。但是，如果共同生活时间较短且彩礼数额过高的，人民法院可以根据彩礼实际使用及嫁妆情况，综合考虑彩礼数额、共同生活及孕育情况、双方过错等事实，结合当地习俗，确定是否返还以及返还的具体比例。

人民法院认定彩礼数额是否过高，应当综合考虑彩礼给付方所在地居民人均可支配收入、给付方家庭经济情况以及当地习俗等因素。

第六条 双方未办理结婚登记但已共同生活，一方请求返还按照习俗给付的彩礼的，人民法院应当根据彩礼实际使用及嫁妆情况，综合考虑共同生活及孕育情况、双方过错等事实，结合当地习俗，确定是否返还以及返还的具体比例。

第七条 本规定自2024年2月1日起施行。

本规定施行后，人民法院尚未审结的一审、二审案件适用本规定。本规定施行前已经终审、施行后当事人申请再审或者按照审判监督程序决定再审的案件，不适用本规定。

最高人民法院、民政部、全国妇联发布涉彩礼纠纷典型案例新闻发布稿

2023年12月11日，最高人民法院、民政部、全国妇联联合举行“推进移风易俗 治理高额彩礼”新闻发布会，发布涉彩礼纠纷典型案例。最高人民法院民一庭庭长陈宜芳，民政部社会事务司司长王金华，全国妇联家庭和儿童工作部副部长何敏，最高人民法院民一庭副庭长吴景丽出席发布会，并回答记者提问。发布会由最高人民法院新闻局副局长王斌主持。

移风易俗是社会文明进步的重要标志。党的十八大以来，以习近平同志为核心的党中央高度重视社会主义精神文明建设。习近平总书记深刻指出，“家庭是社会的基本细胞，是人生的第一所学校。不论时代发生多大变化，不论生活格局发生多大变化，我们都要重视家庭建设，注重家庭、注重家教、注重家风”①。党的二十大报告提出，要提高全社会文明程度。2021年以来，“中央一号文件”连续三年对治理高额彩礼、移风易俗提出工作要求。最高人民法院一直高度重视婚姻家庭领域矛盾纠纷化解，为贯彻落实习近平总书记关于家庭家教家风建设的重要论述，贯彻落实党的二十大精神和“中央一号文件”要求，回应人民关切，我们发布涉彩礼纠纷典型案例。此次发布的四个案例精选自地方法院报送的典型案件。发布涉彩礼纠纷典型案例对于树立优良家风，弘扬家庭美

① 《习近平在2015年春节团拜会上的讲话》，载《人民日报》2015年2月18日第2版。

德，引导社会形成文明风尚，统一类似纠纷案件法律适用，具有重要意义。

一、以社会主义核心价值观为导向，让婚姻始于爱，让彩礼归于礼

彩礼来源于我国古代婚姻习俗中的六礼，历史悠久。作为我国婚嫁领域的传统习俗，有着深厚的社会文化基础，蕴含着两个家庭对“宜其室家”的美好愿望。但是，近年来，彩礼数额持续走高，有人罔顾家庭经济情况，盲目将彩礼多少视为衡量爱情的标准；有人认为彩礼越多越显得自己有面子，攀比之风悄然蔓延。这不仅背离了给付彩礼的初衷，使给付方家庭因彩礼背上沉重的经济负担，也给婚姻稳定埋下隐患，不利于社会文明风尚的弘扬。从司法实践反映的情况看，涉彩礼纠纷案件数量近年呈上升趋势，甚至出现因彩礼返还问题引发的恶性刑事案件。从大量纠纷处理中，我们可以看到，高额彩礼并不是保障家庭幸福的秘籍，反而可能成为矛盾纠纷的导火索，不仅不利于婚姻关系的建立和长期稳定，甚至容易引发两个家庭之间的对立、矛盾和冲突，影响社会和谐稳定。司法审判要立足社会现实，注重通过案件审判，引导人们向上向善向美，倡导建立以感情为基础的平等、和睦、文明的婚姻家庭关系，坚决反对包办、买卖婚姻，反对借婚姻索取财物。以缔结婚姻为目的是彩礼最重要的特征，在无法实现或无法全部实现给付目的的情况下，应当以弘扬社会主义核心价值观为导向，实事求是地处理彩礼返还问题。既要依法保障妇女权益，也要考虑高额彩礼负担对给付彩礼一方生活的影响，妥善平衡双方利益。此次发布的四件典型案例均结合当地经济社会发展情况，充分考虑共同生活时间长短、是否办理结婚登记、是否孕育子女等多重因素，较好地平衡了双方当事人的利益。“父母之爱子，则为之计深远”，我们希望通过这些案例引导父母从子女家庭幸福长远打算，理性对待彩礼给付，让彩礼定位于“礼”而非“财”，以实际行动营造健康、节俭、文明的婚嫁新风。

二、以矛盾纠纷诉源治理为抓手，从社会治理高度推动高额彩礼专项治理

2022 年 8 月，农业农村部、中央组织部、中央宣传部等八个部门联合发布《开展高价彩礼、大操大办等农村移风易俗重点领域突出问题专项治理工作方案》，提出治理的目标是高额彩礼等陈规陋习在部分地区持续蔓延势头得到有效遏制，农民群众在婚丧嫁娶中的彩礼等支出负担明显减轻。从司法审判的角度，就是要通过案件审理，服务和保障高额彩礼问题的专项治理。发布涉彩礼典型案例，总结归纳裁判要点，既明确裁判规则，依法平衡各方利益，也给予相关当事人以行为指引，推动建设文明社会风气。人民法院在治“已病”的同时，充分发挥司法能动性，积极融入社会治理大格局，下大力气预防“未病”，从源头上规范给付彩礼行为。通过发出司法建议等方式促进完善村规民约。如福建省龙岩法院坚持和发展新时代“枫桥经验”，积极构建“五联四化”诉源治理体系，结合办理彩礼返还纠纷案件中的问题，指导部分辖区 45 个村将彩礼金额、随礼数额纳入村规民约中，为爱“减负”，破解“天价彩礼”治理难题，实现“办理一案、治理一片”的良好社会效果。

三、以贯彻实施民法典为目标，统一涉彩礼纠纷案件法律适用标准

关于返还彩礼条件，《最高人民法院关于适用〈中华人民共和国民法典〉婚姻家庭编的解释（一）》规定了三种可返还情形，包括双方未办理结婚登记手续、双方办理结婚登记但确未共同生活以及婚前给付导致给付人生活困难。但现实生活中存在大量未办理结婚登记却按照当地习俗举办婚礼并共同生活以及已办理结婚登记但共同生活较短等情况，无法适用上述司法解释规定，彩礼是否返还以及如何返还成为难点。本批典型案例聚焦审判实践中的共性问题，明确处理涉彩礼纠纷的三项原则：一是明确严禁借婚姻索取财物；二是充分尊重民间习俗，以当地群众普

遍认可为基础，合理认定彩礼范围；三是坚持以问题为导向，充分考虑彩礼的目的性特征，斟酌共同生活时间、婚姻登记、孕育子女等不同因素在缔结婚姻这一根本目的实现上的比重，合理平衡双方当事人权益。例如，在案例一中，判决进一步明确给付彩礼的目的除了办理结婚登记这一法定形式要件外，更重要的是双方长期共同生活。因此，共同生活时间长短应当作为确定彩礼是否返还以及返还比例的重要考量因素。该案中，双方共同生活仅一年多时间，给付方不存在明显过错，相对于其家庭收入来讲，彩礼数额过高，给付彩礼已造成较重的家庭负担，同时，考虑到终止妊娠对女方身体健康亦造成一定程度的损害等事实，判决酌情返还部分彩礼，较好地平衡了双方当事人间的利益。又如案例二中，双方虽未办理结婚登记，但已按当地习俗举行婚礼并以夫妻名义共同生活三年多时间，且已经生育一子。此种情况下，在处理涉彩礼返还纠纷时，就应当着重考虑共同生活以及孕育子女的事实。该案判决综合考量上述事实，对返还彩礼的诉讼请求不予支持，充分保护了妇女合法权益。在涉彩礼返还纠纷中，对于彩礼与一般赠与的界限以及如何认定“共同生活”也存在模糊认识。案例三在这两个方面具有典型意义。该案判决认为，案涉 26 万元的“五金”款符合人民群众对彩礼的一般认知，可以认定为彩礼。同时，明确双方登记结婚后仍工作、居住在两地，并在筹备婚礼过程中，对于后续生活未形成一致规划，没有形成稳定的生活状态，不宜认定为已经共同生活。但是考虑到已经办理结婚登记、短暂同居经历对女方产生一定程度影响、存在共同消费等事实，判决酌情返还大部分彩礼，妥善平衡了双方利益。彩礼和嫁妆都是我国婚嫁领域的传统习俗，两者虽然表现形式不同，但是具有共同的目的，应当按照当地习俗适用相同的规则。在确定彩礼返还数额时，也要考虑嫁妆情况，比如案例四中，在确定彩礼返还数额时就扣减了放置在男方处的嫁妆数额。涉彩礼返还纠纷中还存在诉讼主体资格问题。根据中国传统习俗，缔结婚约及给付彩礼，一般由男女双方父母共同参与，因此，在婚约财产纠纷确定诉讼当事人时，亦应当考虑习惯做法。如果婚约当事人一方的父母给付或接收彩礼的，将其列为共同当事人，不仅符合习惯做法，也有助于查清案件事实。案例四对此进行了很好的探索。总之，最高人民法院是希望通过发布典型案例，进一步规范人民法院统一处理此类纠纷的裁判标准，加强以案释法，引导人民群众树立正确的婚恋观，倡导形成文明节俭的婚礼习俗。

习近平总书记深刻指出，“绝大多数人都生活在家庭之中。我们要重视家庭文明建设”“广大家庭都要弘扬优良家风，以千千万万家庭的好家风支撑起全社会的好风气”①。彩礼只是组建新家庭过程中的一个小环节，背后却牵动着移风易俗树新风的大关窍，我们每一个人既是社会传统习俗的遵循者，也是社会精神文明新风尚的创建者。希望大家尤其是青年朋友能够对此予以高度重视，最高人民法院将继续聚焦涉彩礼纠纷的难点痛点堵点，完善司法解释。本次典型案例发布后，我们将对《最高人民法院关于审理涉彩礼纠纷案件适用法律若干问题的规定》向社会公开征求意见，该司法解释强调了禁止以彩礼为名借婚姻索取财物的原则，并对彩礼的范围、返还的条件、当事人的确定等予以规范，以进一步统一裁判标准，更好地回应人民的新要求、新期待。

① 《习近平在会见第一届全国文明家庭代表时的讲话》，载《人民日报》2016年12月16日第2版。

涉彩礼纠纷典型案例

目　录

案例一

已办理结婚登记但共同生活时间较短，离婚时应当根据共同生活时间、孕育子女等事实对数额过高的彩礼酌情返还

——王某某与李某某离婚纠纷案

【基本案情】

2020 年 9 月，王某某与李某某（女）登记结婚。王某某家在当地属于低收入家庭。为与对方顺利结婚，王某某给付李某某彩礼 18.8 万元。李某某于 2021 年 4 月终止妊娠。因双方家庭矛盾加深，王某某于 2022 年 2 月起诉离婚，并请求李某某返还彩礼 18.8 万元。

【裁判结果】

审理法院认为，双方当事人由于婚前缺乏了解，婚后亦未建立起深厚感情，婚姻已无存续可能，准予离婚。结合当地经济生活水平及王某某家庭经济情况，王某某所给付的彩礼 18.8 万元属于数额过高，事实上造成较重的家庭负担。综合考虑双方共同生活时间较短，女方曾有终止妊娠等事实，为妥善平衡双方当事人利益，化解矛盾纠纷，酌定李某某返还彩礼 56400 元。

【典型意义】

彩礼是以缔结婚姻为目的依据习俗给付的财物。作为我国婚嫁领域的传统习俗，彩礼是男女双方及家庭之间表达感情的一种方式，也蕴含着对婚姻的期盼与祝福。然而，超出负担能力给付的高额彩礼背离了爱情的初衷和婚姻的本质，使婚姻演变成物质交换，不仅对彩礼给付方造

成经济压力，影响婚姻家庭的和谐稳定，也不利于弘扬社会文明新风尚。2021年以来，“中央一号文件”连续三年提出治理高额彩礼问题。遏制高额彩礼陋习、培育文明乡风成为全社会的共同期盼。基于彩礼给付的特定目的，一般情况下，双方已办理结婚登记手续并共同生活，离婚时一方请求返还按照习俗给付的彩礼的，人民法院不予支持。但是，也要看到，给付彩礼的目的除了办理结婚登记这一法定形式要件外，更重要的是双方长期共同生活。因此，共同生活时间长短应当作为确定彩礼是否返还以及返还比例的重要考量因素。本案中，双方共同生活仅一年多时间，给付彩礼的目的尚未全部实现，给付方不存在明显过错，相对于其家庭收入来讲，彩礼数额过高，给付彩礼已造成较重的家庭负担，同时，考虑到终止妊娠对女方身体健康亦造成一定程度的损害等事实，判决酌情返还部分彩礼，能够较好地平衡双方当事人间的利益，引导树立正确的婚恋观，倡导形成文明节俭的婚礼习俗，让婚姻始于爱，让彩礼归于“礼”。

案例二

男女双方举行结婚仪式后共同生活较长时间且已育有子女，一般不支持返还彩礼

——张某与赵某婚约财产纠纷案

【基本案情】

张某与赵某（女）于2018年11月经人介绍相识，自2019年2月起共同生活，于2020年6月生育一子。2021年1月双方举行结婚仪式，至今未办理结婚登记手续。赵某收到张某彩礼16万元。后双方感情破裂，于2022年8月终止同居关系。张某起诉主张赵某返还80%彩礼，共计12.8万元。

【裁判结果】

审理法院认为，双方自2019年2月起即共同生活并按民间习俗举行了婚礼，双方在共同生活期间生育一子，现已年满两周岁，且共同生活期间必然因日常消费及生育、抚养孩子产生相关费用，若在以夫妻名义共同生活数年且已共同养育子女两年后仍要求返还彩礼，对赵某明显不公平，故判决驳回张某的诉讼请求。

【典型意义】

习近平总书记强调指出，“家庭是社会的基本细胞，是人生的第一所学校。不论时代发生多大变化，不论生活格局发生多大变化，我们都要重视家庭建设，注重家庭、注重家教、注重家风”①。民法典规定，家庭应当树立优良家风，弘扬家庭美德，重视家庭文明建设；保护妇女、未成年人、老年人、残疾人的合法权益。人民法院在审理涉及彩礼纠纷案件时要坚决贯彻落实习近平总书记关于家庭家教家风建设的重要论述精神和民法典的相关规定。《最高人民法院关于适用〈中华人民共和国民法典〉婚姻家庭编的解释（一）》第五条关于双方未办理结婚登记手续应返还彩礼的规定，应当限于未共同生活的情形。已经共同生活的双方因未办理结婚登记手续不具有法律上的夫妻权利义务关系，但在审理彩礼返还纠纷时，不应当忽略共同生活的“夫妻之实”。该共同生活的事实不仅承载着给付彩礼一方的重要目的，也会对女性身心健康产生一定程度的影响，尤其是在孕育子女等情况下。如果仅因未办理结婚登记而要求接收彩礼一方全部返还，有违公平原则，也不利于保护妇女合法权益。本案中，双方当事人虽未办理结婚登记，但按照当地习俗举办了婚礼，双方以夫妻名义共同生活三年有余，且已生育一子。本案判决符合当地风俗习惯，平衡了各方当事人利益，特别体现了对妇女合法权益的保护。

---

① 《习近平在2015年春节团拜会上的讲话》，载《人民日报》2015年2月18日第2版。

案例三

已办理结婚登记，仅有短暂同居经历尚未形成稳定共同生活的，应扣除共同消费等费用后返还部分彩礼

——刘某与朱某婚约财产纠纷案

【基本案情】

刘某与朱某（女）2020年7月确立恋爱关系，2020年9月登记结婚。刘某于结婚当月向朱某银行账户转账一笔80万元并附言为“彩礼”，转账一笔26万元并附言为“五金”。双方分别在不同省份的城市工作生活。后因筹备、举办婚礼等事宜发生纠纷，双方于2020年11月协议离婚，婚姻关系存续不到三个月。婚后未生育子女，无共同财产，无共同债权债务。双方曾短暂同居，并因筹备婚宴、拍摄婚纱照、共同旅游、亲友相互往来等发生部分费用。离婚后，因彩礼返还问题发生争议，刘某起诉请求朱某返还彩礼106万元。

【裁判结果】

审理法院认为，彩礼是男女双方在缔结婚姻时一方依据习俗向另一方给付的钱物。关于案涉款项的性质，除已明确注明为彩礼的80万元款项外，备注为“五金”的26万元亦符合婚礼习俗中对于彩礼的一般认知，也应当认定为彩礼。关于共同生活的认定，双方虽然已经办理结婚登记，但从后续拍摄婚纱照、筹备婚宴的情况看，双方仍在按照习俗举办婚礼仪式的过程中。双方当事人婚姻关系仅存续不到三个月，其间，双方工作、生活在不同的城市，对于后续如何工作、居住、生活未形成一致的规划。双方虽有短暂同居经历，但尚未形成完整的家庭共同体和稳定的生活状态，不能认定为已经有稳定的共同生活。鉴于双方已经登记结婚，且刘某支付彩礼后双方有共同筹备婚礼仪式、共同旅游、亲友

相互往来等共同开销的情况，对该部分费用予以扣减。据此，法院酌情认定返还彩礼 80 万元。

【典型意义】

涉彩礼返还纠纷中，不论是已办理结婚登记还是未办理结婚登记的情况，在确定是否返还以及返还的具体比例时，共同生活时间均是重要的考量因素。但是，案件情况千差万别，对何谓“共同生活”，很难明确规定统一的标准，应当具体情况具体分析。本案中，双方婚姻关系存续时间短，登记结婚后仍在筹备婚礼过程中，双方对于后续如何工作、居住、生活未形成一致的规划，未形成完整的家庭共同体和稳定的生活状态，不宜认定为已经共同生活。但是，考虑到办理结婚登记以及短暂同居经历对女方产生一定影响、双方存在共同消费、彩礼数额过高等因素，判决酌情返还大部分彩礼，能够妥善平衡双方利益。

案例四

婚约财产纠纷中，接收彩礼的婚约方父母可作为共同被告
——张某某与赵某某、赵某、王某婚约财产纠纷案

【基本案情】

张某某与赵某某（女）经人介绍认识，双方于 2022 年 4 月定亲。张某某给付赵某某父母赵某和王某定亲礼 36600 元；2022 年 9 月，张某某向赵某某银行账户转账彩礼 136600 元。赵某某等购置价值 1120 元的嫁妆并放置在张某某处。双方未办理结婚登记，未举行结婚仪式。2022 年 9 月，双方解除婚约后因彩礼返还问题发生争议，张某某起诉请求赵某某及其父母赵某、王某共同返还彩礼 173200 元。

【裁判结果】

审理法院认为，双方未办理结婚登记，现有证据不足以证明张某某与赵某某持续、稳定地共同生活，张某某不存在明显过错，但在案证据也能证实赵某某为缔结婚姻亦有付出的事实，故案涉定亲礼、彩礼在扣除嫁妆后应予适当返还。关于赵某、王某是否系本案适格被告的问题，审理法院认为，关于案涉彩礼136600元，系张某某以转账方式直接给付给赵某某，应由赵某某承担返还责任，扣除嫁妆后，酌定返还121820元；关于案涉定亲礼36600元，系赵某某与其父母共同接收，应由赵某某、赵某、王某承担返还责任，酌定返还32940元。

【典型意义】

民法典第十条规定："处理民事纠纷，应当依照法律；法律没有规定的，可以适用习惯，但是不得违背公序良俗。"法律没有就彩礼问题予以规定，人民法院应当在不违背公序良俗的情况下按照习惯处理涉彩礼纠纷。根据中国传统习俗，缔结婚约的过程中，一般是由男女双方父母在亲朋、媒人等见证下共同协商、共同参与完成彩礼的给付。因此，在确定诉讼当事人时，亦应当考虑习惯做法。当然，各地区、各家庭情况千差万别，彩礼接收人以及对该笔款项如何使用，情况非常复杂，既有婚约当事人直接接收的，也有婚约当事人父母接收的；彩礼的去向也呈现不同样态，既有接收一方将彩礼作为嫁妆一部分返还的，也有全部返回给婚约当事人作为新家庭生活启动资金的，还有由接收彩礼一方父母另作他用的。如果婚约当事人一方的父母接收彩礼，可视为与其子女的共同行为，在婚约财产纠纷诉讼中，将婚约一方及其父母共同列为当事人，符合习惯，也有利于查明彩礼数额、彩礼实际使用情况等案件事实，从而依法作出裁判。

最高人民法院、民政部、全国妇联相关负责人就推进移风易俗，治理高额彩礼问题答记者问

2023 年 12 月 11 日，最高人民法院、民政部、全国妇联联合举行新闻发布会，发布涉彩礼纠纷典型案例。最高人民法院民一庭庭长陈宜芳，民政部社会事务司司长王金华，全国妇联家庭和儿童工作部副部长何敏，最高人民法院民一庭副庭长吴景丽出席发布会，并回答记者提问。发布会由最高人民法院新闻局副局长王斌主持。

问：有人认为高额彩礼是对爱情、婚姻重视程度的表现，也有人认为，无法接受高额彩礼的当事人可以选择放弃，为何法院受理的涉彩礼案件数量越来越多？最高人民法院发布涉彩礼案例是要倡导怎样的理念？

答：彩礼源于我国古代婚姻习俗中的六礼，是男女双方及家庭之间表达感情的一种方式，也蕴含着对婚姻的期盼与祝福。但是，超出家庭负担能力给付的高额彩礼背离了爱情的初衷和婚姻的本质，使婚姻演变成物质交换，不仅对彩礼给付方造成经济压力，影响婚姻家庭的和谐稳定，也不利于弘扬社会文明新风尚，我们坚决反对买卖婚姻和借婚姻索取财物。从司法实践看，大量超出家庭正常开支的彩礼成为很多家庭的沉重负担，在婚龄较短的情况下，此种不平衡尤为凸显，进而导致矛盾激化，彩礼纠纷数量增多。这恰恰说明，高额彩礼并不能保障婚姻稳定。相反，过分重视彩礼金额、忽略感情基础反而给婚姻家庭的和谐稳定埋下隐患。

高额彩礼的产生有复杂的经济、社会因素。2021 年以来，“中央一号

文件”连续三年提出治理高额彩礼问题。遏制高额彩礼陋习、培育文明乡风成为全社会的共同期盼。为贯彻落实中央文件精神，相关部门开展了高额彩礼、大操大办等农村移风易俗重点领域突出问题专项治理工作。作为国家治理体系的重要一环，人民法院坚决贯彻落实习近平总书记“抓前端、治未病”的重要指示精神，积极配合民政、妇联等部门的前端治理工作，打好“组合拳”，通过妥善审理相关案件，依法平衡各方利益，引导人民群众树立正确的婚恋观，推动文明乡风建设。我们发布的典型案例都是从彩礼的目的性特征出发，斟酌各种因素确定不同的返还比例。希望大家通过这些案例，更理性地看待婚姻和彩礼的关系，更多地关注即将步入婚姻殿堂的双方在世界观、人生观、价值观方面的契合度，着力于感情培养，夯实幸福美满婚姻的“地基”，树立健康、节俭、文明的婚嫁理念。

问：请介绍一下民政部推进移风易俗、整治高额彩礼方面开展了哪些工作？取得了哪些成效？

答：近年来，民政部认真落实习近平总书记关于移风易俗工作的重要指示批示精神，以婚俗改革为抓手，多措并举，标本兼治，大力推进移风易俗，扎实开展高额彩礼等婚俗陋习治理，采取一系列惠民生、暖民心的举措，有效减轻了群众婚嫁负担，文明健康婚俗新风正逐步形成。

一是扎实开展婚俗改革实验区建设。为发挥先行先试、示范带动作用，2020年，民政部印发《关于开展婚俗改革试点工作的指导意见》，先后分两批确定了32个全国婚俗改革实验区，指导各实验区在倡导简约适度婚俗礼仪、治理婚俗领域不正之风、培育文明健康婚俗理念等方面探索经验、打造样板，相关试点地区已形成较好的可复制可推广的改革经验。各级民政部门也主动作为，确定了一大批不同层次的实验单位。截至2023年11月，全国共创建各类实验单位1806家，形成了国家、省、市、县层层抓婚俗改革的良好局面。

二是认真做好突出问题治理。为满足人民群众对美好生活的向往，切实减轻群众婚嫁活动负担，各地建机制、定分工、明责任、立规矩，形成了推动问题治理的有效合力。积极发挥党员干部示范带头和红白理事会、道德评议会等基层自治组织作用，用党员干部的身体力行和村规民约、家宴中心、合约食堂、红黑榜等有效措施，规范引导婚姻当事人抵制大操大办、随礼攀比、低俗婚闹等行为。常态化选树一批婚事新办简办、"低彩礼"和"零彩礼"典型，用身边人、身边事逐步转变群众思想观念。目前，内蒙古、黑龙江、山东、浙江、河南、江西、甘肃、重庆、四川等许多地方已公布了彩礼、随礼等倡导性标准。河北省河间市、江西省贵溪市等通过突出问题治理，当地婚事花费平均分别减少7万元至15万元和6万元左右。

三是着力推进婚姻家庭辅导服务。各地民政部门依托婚姻登记机关，与妇联等单位积极探索为婚姻当事人提供婚姻家庭辅导服务，2022年度婚姻登记机关办理离婚登记总数比2020年度下降43.79%。同时，为帮助当事人做好进入婚姻状态的准备，提升夫妻化解婚姻危机、减少婚姻家庭纠纷的技巧，各地通过公益创投、政府购买服务等方式，为当事人分类提供专业化、综合性的婚前辅导和婚姻家庭关系调适服务。目前，县级以上婚姻登记机关婚姻家庭辅导室覆盖率已接近90%。浙江、广东、内蒙古、辽宁、重庆、陕西等地还探索将婚姻家庭辅导服务向线上或基层乡镇（街道）、村（社区）延伸，扩大了覆盖面，充分发挥了婚姻家庭辅导服务的作用。据统计，2023年各地已提供各类婚姻家庭辅导服务300余万人次。

四是改革创新婚俗礼仪。为倡树简约适度的婚俗礼仪，各地大力创新、优化服务，设立室内、室外颁证场地，大力推行集体婚礼、慈善婚礼，邀请政府领导、社会名人、模范代表等作为特邀颁证员，鼓励邀请当事人双方父母、亲朋好友到场见证婚礼活动，组织新婚当事人共栽"甜蜜树"，共育"幸福林"，或者到福利院慰问看望老人、儿童，增强新婚当事人对婚姻的庄重感和神圣感，减轻群众负担。据统计，全国现有室外颁证基地687个。仅2023年，各地已开展集体颁证活动近1.2万次，服务40.3万人次；组织集体婚礼活动1625场，服务5.71万人次。

目前，越来越多的年轻群体选择参加颁证活动和集体婚礼、公益慈善活动，婚事新办简办新风尚正在形成。

五是培育文明向上的婚俗文化。为弘扬“风雨同舟、相濡以沫、责任担当、互敬互爱”婚姻理念，各地以社会主义核心价值观为统领，积极传承中华优秀婚姻家庭文化，在婚姻登记机关内部设置婚姻文化墙、文化长廊或婚俗文化展厅等，为当事人上好正向婚姻家庭价值观第一课。目前，全国有婚姻文化墙、婚姻文化廊等 1330 处。部分地区还因地制宜创制婚俗改革类小品、评剧、快板等文化产品，大力宣传文明向上的婚姻家庭文化，得到了社会公众的好评。

此外，各地还积极探索将婚姻登记机关设置在公园等有标志性意义的场所，根据婚姻当事人需要，拓展服务功能，设置婚姻登记、恋爱交友、户外颁证、集体婚礼、婚礼度假、摄影摄像、简约婚宴、婚礼彩票、文旅产品、婚俗文化展示等场所或服务项目，有的地方还设置了金婚、银婚等打卡地，为婚姻当事人提供最美环境、最优服务，把婚姻登记机关打造成一站式、综合性婚姻服务场所，满足婚姻当事人办理登记、婚礼、婚庆活动等需要。

下一步，我们将坚持以习近平新时代中国特色社会主义思想为指导，持续深化婚俗改革，大力倡导简约适度婚俗理念，积极培树文明健康婚俗文化，进一步发挥婚俗改革实验区的辐射带动作用，不断完善婚姻家庭辅导服务体系，优化婚姻管理公共服务供给，继续与相关部门一起做好高额彩礼等婚俗陋习治理，广泛开展相关案件普法宣传，努力满足人民群众对美好生活的向往。

问：当前，涉及彩礼返还纠纷比较多的有两种情况：一种是“闪离”；还有一种是未办理结婚登记但已经共同生活。请问这两种情况下，给付彩礼一方是否可以要求对方返还彩礼，主要的考量因素有哪些？

答：存续时间较短的婚姻会导致基于婚姻的很多财产安排出现失衡现象，彩礼问题就是这种困境的体现。彩礼是以合两姓之好并长久共同生活为目的。一般情况下，双方已办理结婚登记手续并共同生活，离婚时一方请求返还按照习俗给付的彩礼的，人民法院不予支持。但是，也要看到，给付彩礼的目的除了办理结婚登记这一法定形式要件外，更重要的是双方长期共同生活。因此，共同生活时间长短应当作为确定彩礼是否返还以及返还比例的重要考量因素。在“闪离”的情况下，如果对相关返还彩礼尤其是举全家之力给付的高额彩礼的诉讼请求完全不予支持，会使双方利益明显失衡，甚至导致给付高额彩礼的一方因此返贫，对未来生活造成重大影响。人民法院践行以审判工作现代化服务保障中国式现代化，就体现在具体案件的妥善审理中。比如，我们此次发布的典型案例一，双方共同生活仅一年多时间，给付方不存在明显过错，相对于其家庭收入来讲，彩礼数额过高，给付彩礼已造成较重的家庭负担，因此，返还部分彩礼对彩礼给付方是公平的。同时，也要考虑终止妊娠对女方身体健康亦造成一定程度的损害等事实，注重保护女性合法权益。在已经结婚并共同生活的情况下，司法贯彻落实“中央一号文件”精神，重点调整的是高额彩礼导致的利益失衡现象。实事求是地讲，中国地域辽阔，不同地区经济社会发展水平不同，即使在同一地区，不同家庭之间经济情况也可能存在较大差别，因此，难以对高额确定一个统一的标准，需要在个案中参考当地居民人均可支配收入、给付方家庭收入等事实具体认定。

《最高人民法院关于适用〈中华人民共和国民法典〉婚姻家庭编的解释（一）》第五条虽然将彩礼返还区分为未办理结婚登记和已办理结婚登记的不同情况进行规定，但关注点仍在于是否共同生活。在未办理结婚登记的情况下，已经共同生活的双方因未办理结婚登记手续不具有法律上的夫妻权利义务关系，但在审理彩礼返还纠纷时，不应当忽略共同生活的“夫妻之实”。该共同生活的事实不仅承载着给付彩礼一方的重要目的，也会对女性身心健康产生一定程度的影响，尤其是在孕育子女等情况下。如果仅因未办理结婚登记而要求接收彩礼一方全部返还，有违公平原则，也不利于保护妇女合法权益。因此，对于双方虽未办理结婚登记手续但已经共同生活的情况，应当考量各种因素确定是否返还彩礼。

比如，本次发布的案例二就是这种情况。双方当事人虽未办理结婚登记，但按照当地习俗举办了婚礼，双方以夫妻名义共同生活三年有余，且已生育一子。该案判决女方不需要返还彩礼，符合当地风俗习惯，特别体现了对妇女合法权益的保护。

问：近年来，妇联组织积极推进家庭家教家风建设，请问具体采取了哪些举措来参与推进移风易俗，以文明家风助力培育文明乡风？

答：全国妇联党组高度重视移风易俗工作，始终将推进移风易俗作为履行引领服务联系职能、深入开展家庭文明建设的重要内容，指导带动各级妇联组织认真贯彻落实习近平总书记关于注重家庭家教家风建设重要论述特别是“推进移风易俗，培育文明乡风、良好家风、淳朴民风”的重要指示精神，以实施“家家幸福安康工程”为总抓手，以寻找“最美家庭”活动为载体，推动形成家庭文明新风尚，引导广大家庭抵制高额彩礼，践行移风易俗。

一是以典型示范引领文明新风。全国妇联自 2014 年起，在全国范围内部署开展了寻找“最美家庭”活动，指导各地深入城乡社区、机关企事业单位等，广泛动员妇女和家庭成员在晒家规、议家训、亮家风的过程中发现身边的最美家庭典型，目前层层寻找选树出各级各类最美家庭近 1500 万户，其中就包括一批婚事新办简办、“不要彩礼要幸福”的家庭典型。各地妇联也将移风易俗纳入推荐文明家庭、五好家庭、绿色家庭、美丽庭院等标准，联合有关部门开展移风易俗群众推荐评议活动，评选“好媳妇”“好婆婆”“移风易俗示范户”，培育群众身边可学可信的优秀典型，让广大家庭在践行移风易俗中学有榜样、行有标杆。

二是以宣传倡导弘扬文明新风。抓住时间节点聚焦宣传，在春节万家团圆之际，全国妇联与中央文明办、民政部向广大家庭发出倡议，倡导弘扬美德传家风、移风易俗树新风；在全国“两会”之际，提交《关于治理高价彩礼 培育时代新风貌》《大力倡扬新型婚育文化 积极营造婚育友好环境》的提议案，多家媒体宣传报道。讲好家风故事常态宣传，与中宣部在央视连续举办“闪亮的名字——最美家庭发布仪式”，生动讲述移风易俗优良家风故事。吸引近千万家庭实时收看。全国上下联动开展“梦想启航——好家庭好家风巡讲活动”、家和万事兴巡展、中华好家风展演展播，累计举办活动40多万场，受益人次超6亿。各地妇联依托巾帼宣讲队、网格员等，通过文化墙、宣传栏、流动车等方式进村入户，多渠道宣传宣讲移风易俗政策和典型事例，营造家家参与、人人践行移风易俗的良好氛围。

三是以暖心服务培育文明新风。聚焦培育新型婚育文化，将抵制高额彩礼、倡扬移风易俗等内容融入婚恋交友和婚姻家庭服务。全国妇联积极打造中国婚恋网，探索搭建妇联系统上下联动、部门单位协同互动的婚恋交友公益平台，抓住七夕等时间节点，组织开展线上线下交友联谊活动，用年轻人喜爱和易于接受的方式加强正确婚恋观、生育观、家庭观教育引导。各地妇联充分发挥妇联执委、巾帼志愿者等作用，打造公益红娘队伍，定期举办“鹊桥交流会”，组织集体婚礼，为降低彩礼标准的新人提供司仪、证婚、婚宴等服务，让家庭切身感受到移风易俗带来的实惠好处，引导家庭成员争做文明新风的参与者践行者。

围绕落实农业农村部等八部门关于开展高额彩礼、大操大办等农村移风易俗重点领域突出问题专项治理工作部署，配合民政部门婚俗改革工作，2022年，全国妇联在全国确定了64个移风易俗工作试点，探索立足妇联职能优势、推进移风易俗的有效模式。各试点地区在推动完善村规民约等制度、发挥红白理事会等群众自治组织作用、广泛开展宣传教育引导、提供婚姻家庭暖心支持服务、深化家庭文明建设等方面，形成了一些特色经验和有效做法。下一步，我们将总结推广试点工作优秀案例，以点带面推动妇联移风易俗工作走深走实。

新形势下彩礼纠纷的司法应对

王　丹*

摘要： 彩礼是以婚姻为目的的赠与，该目的包含结婚登记、共同生活、孕育子女等多项因素。已办理结婚登记且共同生活的，在双方离婚时一般不予返还彩礼。但是，如果共同生活时间较短且彩礼数额过高的，应当在扣减已经使用部分和无法返还的嫁妆部分基础上，综合考虑彩礼数额、共同生活及孕育情况、双方过错等事实，结合当地习俗，确定是否返还以及返还的具体比例；未办理结婚登记的，原则上应当返还彩礼，但双方已共同生活的，应当在扣减已经使用部分和无法返还的嫁妆部分基础上，综合考虑共同生活及孕育情况、双方过错等事实，结合当地习俗，确定是否返还以及返还的具体比例。

关键词： 彩礼　给付性质　返还请求权基础　共同生活　酌定考量因素

一、问题的提出

彩礼源于我国古代婚姻习俗中的六礼，有着深厚的社会文化基础。但是，近年来，随着经济社会发展，尤其是农村适龄男女结构比例变化，高额彩礼问题凸显。2021 年以来，“中央一号文件”连续四年提出治理

---

* 最高人民法院民事审判第一庭二级高级法官。

高额彩礼、移风易俗。从司法实践看，涉及彩礼返还的纠纷数量呈逐年上升趋势。而在制度供给层面，婚姻法、民法典均未就彩礼问题作出明确规定，人民法院审判面临无法律依据的困境。《最高人民法院关于适用〈中华人民共和国婚姻法〉若干问题的解释（二）》［以下简称《婚姻法解释（二）》］第十条第一款规定了彩礼返还问题。《最高人民法院关于适用〈中华人民共和国民法典〉婚姻家庭编的解释（一）》［以下简称《民法典婚姻家庭编解释（一）》］沿袭了上述规定，未作修改。该条对彩礼返还规定的条件非常严格，仅在双方未办理结婚登记手续（司法实践还要求“且未共同生活”）、双方办理结婚登记手续但确未共同生活或者婚前给付导致给付人生活困难情况下才支持返还的请求。但是，近年来，涉彩礼返还纠纷集中凸显在两类案件：一是已经办理结婚登记且已共同生活，但是共同生活时间较短；二是仅按当地习俗举办婚礼即共同生活但未办理结婚登记。该两类案件均无法适用《民法典婚姻家庭编解释（一）》的规定，导致实践中法律适用不统一。

二、彩礼给付的性质

（一）彩礼与婚约的关系

现实生活中，彩礼一般与婚约相伴相生，婚约当事人常因婚约而给付他方一定的彩礼。然而，在现代民法上，婚约的签订与彩礼的接收无法律关系，彩礼给付也并非以签订和履行婚约为前提。但是，考虑到目前民事案件案由规定中仍以婚约财产纠纷作为案由，而婚约亦不以书面形式为必要，因此，可以一般地认为，在彩礼给付的情况下，双方是有婚约存在的。

从历史发展看，婚约的法律效力经历了从有到无的一个过程。古代各国基本上均以婚约作为婚姻的成立要件。例如，古巴比伦王国《汉谟拉比法典》规定：“倘自由民娶妻而未订契约，则此妇非其妻。”根据罗马法规定，无婚约的结合只属于姘合而不能成为婚姻。我国古代也是将订婚作为婚姻的成立要件。近代以来，随着个体独立人格的自觉，婚约的性质也发生了根本变化，婚约不再作为结婚的必经程序，也并非婚姻成立要件，订立婚约的当事人双方之间不具有身份关系，一方亦不得诉请法院强制履行。在婚约解除的责任方面，“关于婚约之解除，近代立法皆取宽大态度，良以婚姻在求其美满，与其离婚于后，不若使其解约于前也。”① 可见，婚约解除原则上不考虑过错问题，但因婚约解除产生赠与物返还的法律后果则是一项基本原则。解除婚约时的返还赠与物，是直接基于赠与行为本身的效力，可以适用民法典合同编的有关规定。

（二）彩礼给付的规范性质

对于彩礼给付的规范性质，理论上尚未形成一致认识，一般认为彩礼给付属于附解除条件的赠与。“当婚约解除时，婚姻已不可能缔结，解除条件成就，此种赠与行为丧失法律效力，给付人自可请求受领人返还。”② 各国或地区的司法实践做法亦不同。例如，在日本，理论上有目的赠与说、附解除条件的赠与说、证约定金说、证约定金兼有婚姻准备资金性质之赠与说等。原来以附解除条件的赠与说为有力说，但后来则是以成立婚姻为最终目的的赠与说为有力说。③ 在我国台湾地区，多数学者主张附解除条件的赠与说。④ 但是在司法实践中，原来一般认为其为附解除条件的赠与，或者是附有负担的赠与。后来又认为，当事人接受聘礼，应系期待他日之履行婚约，应无先预想婚约不履行，而附以解除条件，对聘礼的返还预先为意思表示的情理，则以聘礼为附解除条件的赠与，与当事人的意思及实际的情形，似均有不符。将聘礼的接受解释为附负担的赠与，即无异于认为当事人因受领聘礼而负担结婚的义务，与婚姻的纯洁性，初已不合，更与婚约不得请求强迫履行的规定有所不符。

---

① 史尚宽：《亲属法论》，中国政法大学出版社2000年版，第143页。

② 史尚宽：《亲属法论》，中国政法大学出版社2000年版，第157页。

③ 参见陈棋炎等：《民法亲属新论》，我国台湾地区三民书局2004年版，第90~91页，转引自余延满：《亲属法原论》，法律出版社2007年版，第157页。

④ 参见史尚宽：《亲属法论》，中国政法大学出版社2000年版，第158~159页。

于是，不再采上述二说。[①] 附解除条件的赠与说在解释上存在如下障碍：其一，所附条件并非当事人本意，实为法律拟制，而且将婚姻不成立作为合同解除条件亦存在限制当事人结婚自由之嫌；其二，附条件赠与合同只能产生全有或者全无的结论，无法为实践中酌定返还实现双方利益平衡提供理论依据。其三，在附条件民事法律行为中，对于成就的条件，要予以审查。根据民法典第一百五十九条的规定，附条件的民事法律行为，当事人为自己的利益不正当地阻止条件成就的，视为条件已成就；不正当地促成条件成就的，视为条件不成就。如果将给付彩礼行为认定为附解除条件的赠与，则需要考察结婚不成这一条件的成就是否被不正当影响。而在基于婚约给付彩礼的场合，一般认为，婚约的破裂没有真正的过错一方，婚约期间任何一方均有权改变主意不与对方结婚，这实际上也是为了防止不幸福的婚姻发生，缔结婚约的目的之一就是给当事人以时间对对方的感情进行考验。更何况现代离婚都不考虑双方是否有过错，解除婚约更无须考虑过错问题。[②] 可见，如果采纳附条件的赠与说，与婚约解除的基本理念存在不合之处。

笔者认为，将彩礼给付认定为以婚姻为最终目的的赠与较为适当。首先，该认定符合当事人的本意，比附解除条件的赠与解释起来更为直接。“将彩礼给付界定为目的性给付，即男方因期待与女方缔结并维持婚姻而作出的、本无实施义务的给付；只要给付目的实现，男方的不当得利返还请求权即被排除。”[③] 其次，虽然在民事法律理论中，一般认为，单纯的目的或动机没有法律意义，但是，如果将法律行为的目的或动机作为其附款时，此目的和动机亦应当作为重要考量因素受到法律保护。在彩礼给付场合，婚姻这一彩礼给付的最终目的应当予以特别考虑。而且，通过对目的的多层次探寻，能够给实践中解决彩礼部分返还问题需

---

① 参见陈棋炎等：《民法亲属新论》，我国台湾地区三民书局 2004 年版，第 91 页，转引自余延满：《亲属法原论》，法律出版社 2007 年版，第 157 页。

② 参见夏吟兰：《美国现代婚姻家庭制度》，中国政法大学出版社 1999 年版，第 53 页。

③ 姚明斌、刘亦婷：《彩礼返还请求权的规范构造》，载《南大法学》2023 年第 4 期。

要考量的各种因素提供理论支撑。“一个抽象的给付目的，可能会由多个具体的标准构成。给付目的的实现程度，也未必是一个全有或全无的绝对状态。在彩礼语境下，男方给付彩礼的抽象目的是缔结并维持婚姻，落实到实际生活中，则通常体现为办理结婚登记、举办婚庆典礼、共同生活、生育子女等具体事项。”① 如此，通过对构成给付目的各个因素的评判，能够给酌定返还部分彩礼提供逻辑基础。

（三）彩礼与嫁妆的关系

嫁妆与彩礼同为中国传统婚嫁习俗的重要组成部分，《诗经》中“以尔车来，以我贿迁”即是有关嫁妆的记载。传统上，送嫁妆的目的一方面是展现女方家的经济实力，另一方面也是为女方争取在夫家的地位提供物质基础。嫁妆多少依据女方家的实力地位而定。明清以前，嫁妆一般属于女方“私有财产”，女方对嫁妆有相对独立的处分权。如果因为各种原因女方离开夫家，一般也允许其自行带走。如张家山出土的汉简《二年律令·置后律》中记载：“女子为户毋后而出嫁者，令夫以妻田宅盈其田宅。宅不比，弗得。其弃妻，及夫死，妻得复取以为户。弃妻，畀之其财。”其中的“弃妻，畀之其财”即是允许女方保有对嫁妆的权利。当然，明清之后，女性对嫁妆的控制权逐步减弱。可见，彩礼与嫁妆的权利归属并不一致，彩礼主要是归属女方家庭，嫁妆虽带去男方家庭，但一般属于女方个人所有。中华人民共和国成立后，同彩礼一样，现行法律没有明确规定嫁妆问题，嫁妆归属仍受习俗调整。从笔者了解的情况看，作为与彩礼相伴相生的婚嫁习俗，嫁妆仍广泛存在，但不同地区、不同家庭可能存在较大差别。有的地方主要是女方出嫁妆，有的地方嫁妆数额甚至高于彩礼数额；有的家庭收到彩礼后不返还作为陪嫁或者仅象征性地给较少的嫁妆，而有的家庭在收到彩礼后将大部分甚至全部作为嫁妆返还用于新家庭。因此，在处理彩礼返还问题时，需要考

---

① 姚明斌、刘亦婷：《彩礼返还请求权的规范构造》，载《南大法学》2023年第4期。

虑嫁妆情况，如果部分彩礼已通过嫁妆的形式返回到新的家庭中，并已经转化为夫妻共同财产，则可在离婚分割夫妻共同财产时一并处理。如果是女方家在彩礼外额外陪送的嫁妆，则对于尚存的部分，应当返还给女方。对于已经消费的部分，可以在返还彩礼时予以扣减。针对单纯基于嫁妆返还问题产生的纠纷，笔者认为，虽然从传统上看，彩礼与嫁妆的归属并不一致，但是，基于民法典男女平等的基本原则，考虑到彩礼与嫁妆的目的相似，均是以夫妻长久共同生活为目的，因此，对于嫁妆返还问题，可以参照彩礼返还的规则处理。

三、彩礼与公序良俗

（一）彩礼的习俗特征

民法典第十条规定：处理民事纠纷，应当依照法律；法律没有规定的，可以适用习惯，但是不得违背公序良俗。“民事习惯是民事活动规律的经验性总结，是行为反复性的结果，其作为现代民法的法律渊源及交易规则，能指导当事人行为、降低交易成本和弥补成文法律的不足。习惯具有地方性、行业性、时间性和自发性。”① 彩礼属于习惯范畴，而习惯的地域性特征决定了在处理与彩礼有关的纠纷时，应当重点考察不同地域的习俗。比如，有些地方的“一动不动”“万紫千红一片绿”，还有不同地方的“上车礼”“下车礼”“打发礼”“离娘钱”，等等，名目繁多，各地称谓也不尽相同。习俗应为彩礼给付方意思表示提供实质性参考因素，这也是《民法典婚姻家庭编解释（一）》之所以采用“按照习俗给付的彩礼”表述的原因。

（二）彩礼与恋爱期间一般赠与的区别

如上所述，彩礼是我国民间的一种习惯称呼，源于我国传统习俗。

① 谢哲胜、常鹏翱、吴春岐：《中国民法典立法研究》，北京大学出版社 2005 年版，第 59 页。

彩礼与恋爱期间的一般赠与相比，虽然当事人在实施行为时的目的和动机相似，但是彩礼的给付一般是基于当地风俗习惯，直接目的是缔结婚姻关系，有其相对特定的外延范围。① 彩礼只能说是婚恋期间赠与物的重要形式。婚约或者恋爱期间的赠与物有的并非彩礼，而仅仅是为了增进感情的一种纯粹的赠与。这种赠与可适用赠与合同的有关规定处理，不宜全部纳入彩礼范畴，否则，将使彩礼的范围无限扩大，不利于纠纷解决。《婚姻法解释（二）》在起草过程中，曾考虑“彩礼”并不是一个规范的法律用语，因而采用了“结婚前给付对方财物”的用语。后来根据各方面反馈意见，认为使用“结婚前给付对方财物”这种规范用语，虽然有一定好处，但是容易使司法解释的本意变得把握不准，会扩大条文的适用范围，使那些所在地区根本不存在这一习俗、自愿给付对方财物的人，在解除婚约关系后也将这些不属于彩礼问题的给付财物争议，以此条为依据诉至人民法院要求返还。有鉴于此，上述司法解释本着解决实际问题的原则，最终还是采纳了“彩礼”这一带有特定含义的用语。② 可见，现有的司法解释在采用彩礼表述时，是有其特定考虑的。将彩礼与恋爱期间一般赠与相区别，符合实际情况。具体而言，在认定婚恋期间某一项给付的财物是否为彩礼时，可以通过考察给付的时间是否在双方谈婚论嫁阶段、是否有双方父母或媒人商谈，财物价值大小等事实予以综合判断。对于一方在节日或者生日等有特殊纪念意义时点给付对方的价值不大的财物、礼金或者双方婚前交往中一些日常消费性支出，不宜认定为彩礼。

当然，在处理规则上，两者有类似之处。同彩礼一样，恋爱期间的大额赠与亦非完全的无偿性，一般来讲，当事人是以将来能够结婚并共同生活作为隐含的目的或动机，而该目的或动机是赠与行为的重要基础。在相应的目的无法实现时，当事人协商不成的，应当允许司法予以适当

---

① 关于彩礼与恋爱期间一般赠与的区别可参见王丹：《彩礼纠纷现状及司法应对》，载《人民司法》2023 年第 16 期。

② 参见最高人民法院民事审判第一庭编著：《最高人民法院婚姻法司法解释（二）的理解与适用》，人民法院出版社 2015 年版，第 140 页。

调整，以平衡双方当事人利益，从这个角度讲，彩礼与恋爱期间一般赠与返还规则的逻辑基础相同。

（三）彩礼规则应受公序良俗原则调整

以习俗为依据确定的彩礼返还规则，应当受到公序良俗原则的检视。公序良俗概念起源于罗马法，一般认为，公序良俗是公共秩序和善良风俗的简称。公共秩序是指“社会之存在及其发展所必要之一般秩序”①，包括社会公共秩序和生活秩序②。善良风俗则是社会一般道德观念，即“人们在长期的社会生活中形成的并为人们内心确信的一种普遍性的道德标准，属于社会民众的一般价值判断范畴”③。公序良俗原则的作用体现在以下三个方面：一是对私法自治进行必要的限制。以公序良俗限制私法自治的范围，是罗马法以来公认的原则。④“民事活动往往出于当事人的主观意思，为防止当事人滥用私欲，该意思及其后果必须受到法律调控。而公序良俗代表着国家利益和社会道德，是法律自身正当性的最有力支持者，凡与其相悖者，都是对法治国家的背叛，背离公序良俗要求的民事活动当然不能发生效力。”⑤ 二是填补法律漏洞。社会生活丰富多样，法律规定无论多么周密、完善，都不可能穷尽所有社会现象，在保持法律稳定性的前提下，要通过公序良俗条款的引入，给法官以指引，从而妥善处理纠纷。“一般来说，法官在适用公序良俗原则时，主要从禁止的角度来处理问题，即衡量民事活动是否与公序良俗原则相违背，如有违背，则予否定。”⑥ 三是评判习惯的法律适用性。“在确定民事习惯适用性时，应考察习惯是否符合国家利益和社会公共利益，是否能得到国家公共秩序的支持，是否能纳入国家统一的法秩序之中；同时还应考察

---

① 史尚宽：《民法总论》，中国政法大学出版社2000年版，第334页。
② 参见王利明：《民法总论研究》，中国人民大学出版社2012年版，第133页。
③ 王利民：《民法精神的构造：民法哲学的思考》，法律出版社2010年版，第406页。
④ 参见王利明：《民法总论研究》，中国人民大学出版社2012年版，第136页。
⑤ 谢哲胜、常鹏翱、吴春岐：《中国民法典立法研究》，北京大学出版社2005年版，第58页。
⑥ 谢哲胜、常鹏翱、吴春岐：《中国民法典立法研究》，北京大学出版社2005年版，第59页。

习惯是否符合社会和经济发展的实际需要，是否符合社会一般道德观念。”① 在依据习俗确定相关行为规则时，应引入公序良俗原则予以评判。彩礼虽历史悠久，但在现代社会，其意义和功能也发生了重要变化。传统意义上，彩礼以“从夫居”等社会制度为基础，除了对新人美好祝福外，也带有向女方家庭提供一次性经济补偿的目的。新时代，随着经济社会变迁以及人民群众思想观念等的变化，结婚不再是男方对女方经济补偿的终点，而是双方共同生活的起点。但是，相互攀比之风助推的高额彩礼，不仅成为家庭矛盾纠纷的诱因，而且导致社会秩序损害。近三年来，中央大力推进移风易俗和社会精神文明建设，高额彩礼是专项治理的对象，对于不属于高额彩礼的部分，并未完全否认，也即可以为公序良俗所容纳。对于高额彩礼，可以认定违反公序良俗而予以否定。当然，何谓高额彩礼，由于国家没有明确规定上限，考虑到不同地区、同一地区的不同家庭对于彩礼数额高低均有不同的判断标准，因此，只能归于个案判断。具体的判断标准可以参考当地居民人均可支配收入。笔者认为，一般来讲，超出当地居民人均可支配收入的三倍，可以认定为高额彩礼。要特别注意的是，为贯彻中央治理高额彩礼的政策要求，有些市级或县级政府规定了当地的彩礼限额，比如，宁夏回族自治区泾源县规定彩礼最高不得超过 6 万元。在认定是否属于高额彩礼时，可以参考各地出台的相关规定。当然，在确定彩礼数额是否过高时，也要考虑不同家庭的实际经济状况，不能简单机械地“一刀切”。

（四）以彩礼为名借婚姻索取财物的事实认定

民法典第一千零四十二条第一款规定，禁止借婚姻索取财物。以彩礼为名借婚姻索取财物的，可以违反公序良俗为由认定合同无效，给付方有权要求返还。但是，借婚姻索取财物更侧重主观状态，实践中，很难区分是主动自愿给付彩礼还是被“索取”。对于接收彩礼一方，借婚姻

① 谢哲胜、常鹏翱、吴春岐：《中国民法典立法研究》，北京大学出版社 2005 年版，第 59 页。

索取财物的情况也比较复杂，有的本身没有结婚的意愿，单纯是索取财物，也有的有结婚的意愿，只是借机索取财物。因此，不宜以接收彩礼一方是否有意愿结婚作为区分标准。同时，是否有结婚的意愿亦属于主观状态，也需要通过是否已经登记、是否共同生活等客观事实进行判断。就借婚姻索取财物问题，1993 年《最高人民法院关于人民法院审理离婚案件处理财产分割问题的若干意见》第十九条规定："借婚姻关系索取的财物，离婚时，如结婚时间不长，或者因索要财物造成对方生活困难的，可酌情返还。对取得财物的性质是索取还是赠与难以认定的，可按赠与处理。"该意见将结婚时间长短、给付一方的生活状况作为考量因素，也是通过斟酌客观事实来进行灵活处理。因此，笔者认为，借婚姻索取财物与一般彩礼给付无法区分时，可以统一纳入彩礼返还规则，通过综合考量彩礼数额、共同生活时间、双方过错等因素酌定返还数额，如此，能够实现个案中的实质正义。当然，如果案件事实比较明显，甚至已经涉嫌犯罪的，比如，接收彩礼后，携款潜逃，或者短期内多次以缔结婚姻为名，收取高额彩礼后无正当理由悔婚的，可以认定为借婚姻索取财物的行为。

四、彩礼返还的正当性基础

按照传统习俗，在婚姻不成的情况下，彩礼应当予以返还；反之，已经结婚的，彩礼一般不再予以返还。但随着经济社会发展以及人们思想观念的变化，原有规则存在的社会基础发生了重大变化。一方面，法律不再承认 1994 年之后的事实婚姻，根据婚姻法和民法典规定，婚姻以登记为要件，未办理结婚登记的，不具有夫妻权利义务关系。但是，在广大农村地区，按照当地习俗举行婚礼后共同生活即为夫妻，仍得到人民群众一定程度的认可。另一方面，婚姻存续期间偏短，同时交织彩礼数额过高，对彩礼给付方家庭造成重大困扰，产生严重利益失衡。此两种情况下，应当探寻彩礼适当返还的正当性依据，以解决现实问题。

（一）情势变更原则适用于彩礼返还的障碍

有学者认为，在结婚不成等情形下支持彩礼返还时，可以参照适用民法典第五百三十三条的情势变更原则。民法典第五百三十三条规定："合同成立后，合同的基础条件发生了当事人在订立合同时无法预见的、不属于商业风险的重大变化，继续履行合同对于当事人一方明显不公平的，受不利影响的当事人可以与对方重新协商；在合理期限内协商不成的，当事人可以请求人民法院或者仲裁机构变更或者解除合同。人民法院或者仲裁机构应当结合案件的实际情况，根据公平原则变更或者解除合同。"笔者认为，从解释论的角度看，此种情况似无情势变更制度的参照适用余地。从民法典第五百三十三条的文字表述看，该条适用的前提是，"继续履行合同对于当事人一方明显不公平"，可见，该条适用的场景应当是合同尚未履行或者正在履行过程中，而不包括合同已经履行完毕的情况。我国情势变更制度的确立源于2009年《最高人民法院关于适用〈中华人民共和国合同法〉若干问题的解释（二）》，根据崔建远教授的论述，情势变更原则适用于合同尚未履行或正在履行而发生了情势变更的场合。之所以适用情势变更原则要求情势变更发生在履行完毕前，是因为合同因履行完毕而消灭，其后发生情势变更与合同无关。① 而在涉彩礼纠纷中，彩礼实际上已经给付完毕。因此，从解释论的角度看，利用民法典第五百三十三条规定的情势变更原则证成彩礼返还的正当性，存在障碍。

（二）赠与基础丧失规则的可行性分析

有学者认为，可以借用德国2002年债法改革中新增加的行为基础丧失制度。它从一种单纯的学说，到被德国的判例普遍承认，最后被纳入德国民法典，是一个法律与社会现实的互动过程，也是私法实质化的一

---

① 参见崔建远：《合同法总论》，中国人民大学出版社2012年版，第19页。

个结果。[①] 该制度的理论依据是诚实信用原则。[②] 对于任何一个合同而言，都是当事人以特定情况的存在为基础，并预计这种特定情况将会继续存在；没有这些情况，合同的目的就无法达成。该制度所要解决的问题是：如果合同赖以存在的特定情况发生了当事人无法预计的重大变化，当事人合同目的无法达成，继续履行合同或者保持合同的履行完毕状态将使其中一方当事人丧失最低限度的合同实质正义，需要法律予以调整。该制度主要针对两种情形：一是已成为合同基础的情势在合同订立后发生了重大变更，而假如当事人预见到这一变更，就不会订立合同或者会以不同内容订立合同，但以其不能合理期待为限；二是已成为合同基础的重要观念表明是错误的。当然，该制度适用应当存在两个前提：一是当事人对相关情形没有约定。如果当事人已经有约定或以可推断的方式对可能存在的情形作出了约定，则应当通过合同解释确定。二是法律对相关问题也没有作出具体规定。如果法律已对相关问题作出规定，则应按照法律的规定解决。[③] 该制度不仅有利于在合同中贯彻实质正义的理念，而且相较于其他制度，它"可以为当事人提供一个柔性并且灵活的解决方案"[④]。该制度在德国家庭法中也有应用。根据德国判例，以婚姻为条件的给予基于某种默示推定成立的家庭法合同而发生，婚姻的存续是这些合同中的交易基础。也就是说，配偶一方对另一方的给予受合同支配，该合同中的给予并不是无偿的，而是配偶双方共同生活的结果。进而，婚姻破裂意味着该合同的交易基础丧失。[⑤] 行为基础丧失规则还可适用于合同已经履行完毕才发生重大情势变更的场合。该规则与情势变更原则

---

① 参见杨代雄：《法律行为基础瑕疵制度——德国法的经验及其对我国民法典的借鉴意义》，载《当代法学》第2006年第6期。

② 参见［德］维尔纳·弗卢梅：《法律行为论》，迟颖译，法律出版社2013年版，第591页。

③ 参见［德］迪特尔·梅迪库斯：《德国民法总论》，邵建东译，法律出版社2004年版，第653页。

④ 杜景林：《德国新债法法律行为基础障碍制度的法典化及其借鉴》，载《比较法研究》2005年第3期。

⑤ 参见［德］迪特尔·施瓦布：《德国家庭法》，王葆莳译，法律出版社2021年版，第71～75、110～111页。

显失公平的要求不同，其要求的是不可苛求性，即坚持履行原订的合同将会引起无法忍受的、与法和正义不相一致的结果。行为基础丧失规则的适用范围比情势变更原则广，适用的条件也比情势变更原则更为灵活，这更适合于婚姻家庭问题的解决场合。[①] 笔者认为，由于民法典没有明确规定该制度，从解释论的角度，不宜直接据此进行解释，但鉴于该制度源于诚信原则，而民法典总则编将诚信原则作为民事法律行为的基本原则予以规定，该原则完全可以统摄婚姻家庭领域的法律适用，以填补相应的法律漏洞。因此，行为基础丧失规则的基本理念可以参考。也即，通过解释诚信原则填补法律漏洞的方式将该理念运用于彩礼返还情形。彩礼是以婚姻为目的的赠与。当双方结婚不成或者“闪离”时，如果让接收彩礼一方继续保有彩礼不符合诚信原则，亦不能苛求给付彩礼一方在未办理结婚登记或婚龄较短的情况下即丧失高额彩礼，在法律没有明确规定的情况下，借用德国行为基础丧失理念，通过解释民法典的诚信原则，在双方协商不成时，允许当事人变更或解除合同，并综合考虑各种情况酌定返还部分彩礼。

（三）彩礼返还的请求权基础

关于彩礼给付方的请求权基础，有学者认为，此时赠与人享有的是不当得利返还请求权。[②] 对此，笔者认为，应根据赠与物不同，对赠与人请求受赠人返还财产的根据或其享有的权利进行具体分析。由于通说认为我国民法未采物权行为理论，不能简单按照德国的解释思路，在物权行为无因性的前提下，通过不当得利制度解释合同解除后的返还问题。参考未真正采物权行为理论的瑞士民法典规定[③]，当彩礼是实物且存在

---

① 参见杨晋玲：《亲属法基础理论问题研究》，法律出版社 2017 年版，第 338 页。

② 参见王洪：《婚姻家庭法》，法律出版社 2003 年版，第 73 页；杨遂全、陈红莹、赵小平、张晓远等：《婚姻家庭法新论》，法律出版社 2003 年版，第 85 页；杨立新：《亲属法专论》，高等教育出版社 2005 年版，第 91 页。

③ 瑞士民法典第九十四条规定：婚约双方的赠与物，在解除婚约时可请求返还；如赠与物已不存在，可依照返还不当得利的规定处理。

时，赠与人可基于物权请求权请求受赠人返还原物；当原物已转让他人且他人构成善意取得时，赠与人可基于不当得利请求权或侵权损害赔偿请求权，要求受赠人返还相应款项；当原物已经毁损、灭失时，赠与人只能基于侵权损害赔偿请求权，要求受赠人返还相应款项。当彩礼是金钱时，因金钱的交付导致了所有权的绝对转移，赠与人可基于不当得利请求权，要求受赠人还款。同时，在将彩礼返还纳入不当得利体系后，根据民法典第九百八十六条规定，在彩礼接收方善意的情况下，如果彩礼已经因举办婚礼、置办酒席、购置双方共同生活的物品或者已在双方共同生活中消费的，接收方不承担返还的义务。

五、彩礼返还规则重构的基本思路

（一）实体规则

近年来，彩礼数额持续攀升，不仅异化了婚姻关系，也给社会治理带来隐患，不利于社会文明新风尚的弘扬。中央连续四年提出治理高额彩礼，移风易俗。“如果现实生活存在不利家庭稳定的因素，那么家庭法律应当是抑制而不是助长这些消极因素的发生。”[①] 法律在设计彩礼返还规则时，应当既要贯彻落实中央决策部署，推进移风易俗，也要保持司法的谦抑立场，仅在利益严重失衡时才予以介入调整，并抑制不当行为的发生。如前所述，现有的《民法典婚姻家庭编解释（一）》第五条仅规定了三种彩礼返还情形，除了导致给付人生活困难外，主要是双方未办理结婚登记（且未共同生活）和双方已办理结婚登记但确未共同生活两种情况，对于双方已经共同生活的情况（包括未办理结婚登记手续和已办理结婚登记手续）未作规定，对此笔者结合以上分析认为，在酌定彩礼是否返还以及返还比例时，需要考察以下因素。

① 林辉煌：《家产制与中国家庭法律的社会适应——一种“实践的法律社会学”分析》，载《法制与社会发展》2012 年第 4 期。

1. 共同生活情况

一般情况下，双方已办理结婚登记手续并共同生活，离婚时一方请求返还按照习俗给付的彩礼的，人民法院不予支持。但是，也要看到，给付彩礼的目的除了办理结婚登记这一法定形式要件外，更重要的是双方长期共同生活。因此，共同生活时间长短应当作为确定彩礼是否返还以及返还比例的重要考量因素。在“闪离”的情况下，如果对相关返还彩礼尤其是举全家之力给付的高额彩礼的诉讼请求完全不予支持，会使双方利益明显失衡，甚至可能对乡村振兴和脱贫攻坚等国家重大战略部署产生一定影响。因此，对于已经结婚并共同生活的，应当区分情况：在不属于高额彩礼的情况下，即使共同生活时间较短，离婚时原则上亦不予返还；在高额彩礼的情况下，法律有予以调整的必要。比如，最高人民法院近期发布的涉彩礼典型案例一，双方共同生活仅一年多时间，给付方不存在明显过错，相对于其家庭收入来讲，彩礼数额过高，给付彩礼已造成较重的家庭负担，因此，返还部分彩礼对彩礼给付方是公平的。同时，也要考虑终止妊娠对女方身体健康亦造成一定程度的损害等事实，注重保护女性合法权益。在已经结婚并共同生活的情况下，司法审判贯彻落实“中央一号文件”精神，重点调整的是高额彩礼导致的利益失衡现象。实事求是地讲，中国地域辽阔，不同地区经济社会发展水平不同，即使在同一地区，不同家庭之间经济情况也可能存在较大差别，因此，难以对高额确定一个统一的标准，需要在个案中参考当地居民人均可支配收入、给付方家庭经济情况等事实具体认定。

结婚登记在彩礼返还中也是重要考量因素。未办理结婚登记与已经办理结婚登记两种情况下，彩礼返还解释路径应当是不同的。已经办理结婚登记的，如果已经共同生活，原则上彩礼不应予以返还，只不过考虑到高额彩礼对双方当事人利益失衡的情况，可以酌情返还。但是，在未办理结婚登记的情况下，原则上彩礼应当予以返还。当然，在审理彩礼返还纠纷时，不应当忽略共同生活的“夫妻之实”。该共同生活的事实不仅承载着给付彩礼一方的重要目的，也会对女性身心健康产生一定程度的影响，尤其是在孕育子女等情况下。如果仅因未办理结婚登记而要求接收彩礼一方全部返还，有违公平原则，也不利于保护妇女合法权益。因此，双方虽未办理结婚登记手续但已经共同生活的，应当考量各种因素确定是否返还。比如，最高人民法院近期发布的涉彩礼典型案例二，双方当事人虽未办理结婚登记，但按照当地习俗举办了婚礼，双方以夫妻名义共同生活三年有余，且已生育一子，该案判决女方不需要返还彩礼，符合当地风俗习惯，特别体现了对妇女合法权益的保护。

2. 孕育情况

不可否认，生育目前仍然是婚姻的重要内容，我国长期以来也有"多子多福"的传统。生育子女，对男方及其家庭来说，可能是婚姻的重要目的；对女方来说，因妊娠、分娩，女性必然承当更多的生理风险及心理压力，也需要予以重点考虑。有观点认为，如果将是否孕育作为彩礼返还的考量因素，有使女性成为生育机器之嫌。对此，笔者认为，是否妊娠、生育，是双方当事人自行对生活选择的结果，法律仅是在双方对彩礼返还产生争议时，将此作为是否返还以及返还比例的考量因素。正是考虑到了女性在妊娠、分娩、抚育子女等方面的付出，才应当酌情减少彩礼返还甚至不予返还，如果不将其作为考量因素，更是对女性付出的漠视，不利于保护妇女合法权益。一般来说，已经共同生活并生育子女的，原则上彩礼不应当予以返还。

3. 双方过错情况

对于基于婚约的赠与物返还是否须解约人就解约的原因无过失，法国、瑞士民法采否定说；美国各州法院则做法不一。一些法院遵循传统，认为只有在双方同意解除婚约关系或者受赠人不正当解除婚约关系时，才能要求返还赠与物。史尚宽先生认为，如因婚约人一方以违反诚实信用原则之行为而产生婚约解销之结果（须有因果关系），例如与他人订立婚约或结婚，则应解释为丧失其返还请求权。① 有些法院则依据现代理论

① 参见史尚宽：《亲属法论》，中国政法大学出版社2000年版，第162页。

认为，不论双方是否同意，以结婚为条件的赠与物在婚约解除时都应当返还，而不考虑是否有过错。[1] 其理由主要是：婚约的破裂没有真正的过错一方，婚约存续期间任何一方均有权改变主意不与对方结婚，这实际上也是为了防止不幸福的婚姻发生，缔结婚约的目的之一就是给当事人以时间对对方的感情进行考验。更何况现代离婚都不考虑双方是否有过错，解除婚约更无须考虑过错问题。[2] 对此，笔者认为，这里需要考察两个层次的问题。第一个层次的问题是婚约解除是否需要考虑过错的问题。正如有些学者所论述的，不能因当事人一方有过错而限制其离婚的自由，这是现代婚姻法的基本原则，解除婚约亦然。不能因为一方有过错而限制其解除婚约的权利，更何况，婚约对当事人而言并无法律上的约束力。第二个层次的问题是如果有过错一方解除婚约的，是否有权要求返还赠与物。对此，笔者认为，如果基于婚约的赠与物返还需要解约人就解约的原因无过失，可能会不当限制当事人的解约自由，实际上对后续的婚姻并无实益，因此，原则上不应因一方过错而丧失返还请求权，但是，亦不能完全无视各方过错情况，这也是诚信原则的应有之义。给付彩礼一方存在家庭暴力、与他人另行订立婚约或结婚等严重过错的，另一方可以酌情减少返还比例；接收彩礼一方存在严重过错的，应当加大返还比例。

综上所述，笔者认为，在综合《民法典婚姻家庭编解释（一）》第五条规则的基础上，应当明确以下彩礼返还规则，具体为：（1）双方未办理结婚登记且未共同生活的或双方已经办理结婚登记但确未共同生活的，原则上应当全部返还，但是应当扣减已经使用部分。（2）双方已办理结婚登记且共同生活的，在离婚时，按照习俗给付的彩礼，一般不应予以返还。但是，双方共同生活时间较短且彩礼数额过高的，应当在扣减已经使用部分和无法返还的嫁妆部分基础上，综合考虑彩礼数额、共同生活及孕育情况、双方过错等事实，结合当地习俗，确定是否返还以

---

① 参见余延满：《亲属法原论》，法律出版社2007年版，第158页。

② 参见夏吟兰：《美国现代婚姻家庭制度》，中国政法大学出版社1999年版，第53页。

及返还的具体比例。(3) 双方未办理结婚登记但已共同生活的，应当在扣减已经使用部分和无法返还的嫁妆部分基础上，综合考虑共同生活及孕育情况、双方过错等事实，结合当地习俗，确定是否返还以及返还的具体比例。

(二) 程序规则

彩礼返还纠纷中，程序上存在的主要争议问题是婚约当事人父母能否作为当事人参加诉讼。在中国的传统习俗中，儿女的婚姻被认为是终身大事，一般由父母操办，送彩礼也大都由父母代送，且彩礼多为家庭共同财产。因此，在确定彩礼返还主体时需要考虑习惯做法。实践中，涉及彩礼返还的，大体分为以下两种情况：一类是离婚纠纷中，原告提起离婚诉讼同时要求返还彩礼，或者被告同意离婚但同时提起诉请要求返还彩礼。此时，虽彩礼返还纠纷与离婚纠纷审理范围不同，但为便利当事人和诉讼经济考虑，可以在离婚诉讼中一并审理。需要说明的是，虽然离婚诉讼为复合诉讼，但该诉讼主要是以解除婚姻关系为基础，财产分割和子女抚养是基于夫妻身份关系解除的附随内容，因此，当事人主体仍为夫妻双方，不宜将夫妻以外的第三人作为诉讼主体，否则，将会使离婚诉讼当事人范围扩大，不利于离婚纠纷审理。当事人将婚约另一方父母作为被告请求共同返还彩礼的，可以另行提起婚约财产纠纷。另外一类是婚约财产纠纷诉讼。此类案件，原则上以婚约双方当事人作为诉讼主体。但如前所述，实践中，彩礼的给付方和接收方并非限于婚约当事人，双方父母也可能参与其中，这也符合习惯做法，因此，给付彩礼的婚约当事人及其父母以家庭财产给付彩礼的，当事人及其父母可作为共同原告；同样，彩礼直接交付给当事人父母并由接收人或者其家庭实际使用的，接收彩礼的婚约当事人及其父母也可作为共同被告。除父母之外，原则上，不宜再扩大至其他主体。当然，在个别情况下，接收彩礼一方可能因父母不在世、丧失民事行为能力等特殊情况，而由兄、姐或者其他近亲属抚养长大并在接收彩礼过程中代行家长职责，因此，应当允许代行父母职责的其他实际给付彩礼的人、代行父母职责的其他实际接收彩礼的人在特定情况下作为共同原告或共同被告。但是，仅是因为亲属往来原因，在订婚或婚礼前后接收或给付礼钱的，不宜将相关当事人均作为诉讼主体。此外，由于即将进入婚姻的男女双方才是婚约主体，因此，即使一方父母全部给付或接收彩礼，在婚约财产纠纷中，也不宜完全抛开婚约主体或仅以其作为第三人而单独以双方父母作为原告或被告。

【食品安全惩罚性赔偿典型案例专题】

最高人民法院发布食品安全惩罚性赔偿典型案例新闻发布稿

民以食为天，食以安为先。食品安全关系人民群众身体健康和生命安全，是影响国计民生的大事。习近平总书记对此高度重视，强调要落实“四个最严”的要求，切实保障人民群众“舌尖上的安全”。2013 年，最高人民法院专门制定司法解释，规定购买者向生产者、销售者主张权利，生产者、销售者以购买者明知食品存在质量问题而仍然购买为由进行抗辩的，人民法院不予支持。这一裁判规则对于落实“四个最严”要求、惩治食品领域违法行为、维护人民群众生命健康安全发挥了积极作用，但在实施过程中也出现了新情况、新问题：一方面，有的购买者超出生活消费需要大量购买、连续购买、高额索赔，甚至借维权之名敲诈勒索，扰乱市场秩序，损害生产经营者合法权益；另一方面，司法实践中对相关法律和司法解释的理解和适用尚不一致，导致类案裁判不统一，未充分发挥食品安全惩罚性赔偿制度的作用，影响对生产销售伪劣产品的制裁效果，不利于促进经济社会高质量发展。最高人民法院此次发布食品安全惩罚性赔偿典型案例，旨在统一裁判规则，引导生产经营者合法生产经营、消费者理性维权，保护食品安全，为促进经济社会高质量发展创造良好法治环境。本次共发布四则典型案例，主要明确和统一两方面的裁判规则。

一、支持消费者维权行为

人民法院始终坚持保护食品安全，依法保护消费者合法权益。这次发布的典型案例，均依法支持了消费者关于惩罚性赔偿的诉讼请求，延续了最高人民法院一贯的司法政策，主要基于以下考虑。

第一，不断满足人民群众对美好生活的需要。虽然我国食品市场秩序和法治环境已有明显改善，但在某些方面依然存在一些问题。随着我国向社会主义更高阶段迈进，人民群众对食品安全的需求不断提高，我国食品安全形势与新时代人民群众对美好生活的需要还存在差距。一切发展最终目的是更好满足人民群众对美好生活的需要，而食品安全是人民群众美好生活的基础。人民法院坚持将保护食品安全作为处理食品安全纠纷的首要价值取向。

第二，有效遏制食品领域的违法行为。打击和遏制食品领域违法行为，既需要发挥行政监管和公益诉讼的作用，也需要发挥人民群众的监督作用。如果违法行为被追责概率低、违法成本低，就容易形成负面激励，将难以有效遏制食品领域违法行为。支持消费者维权行为有利于推动净化市场、形成共建共治共享的食品安全治理格局。

第三，促进经济社会的高质量发展。打击食品领域违法生产经营行为，有利于营造公平竞争、诚实守信的市场环境，减少无效供给、遏制有害供给、激励有效供给。如果不严厉打击生产经营不符合食品安全标准食品的行为，人民群众的生命健康安全将得不到保障，真正的诚信守法经营者也会在竞争中处于不利地位，产生“劣币驱逐良币”的后果，恶化营商环境。

第四，从根本上解决“知假买假”问题。人民群众通俗地把购买者知道食品不符合食品安全标准仍然购买并维权的行为称为“知假买假”。社会各界对是否支持“知假买假”存在不同认识。应当看到，“知假买假”矛盾的主要方面在于“造假”“售假”，源头在于生产经营不符合食品安全标准食品的违法行为。如果治住了“假”、治住了违法行为，“知假买假”现象自然就会消失。

二、在生活消费范围内支持惩罚性赔偿请求

本次发布典型案例从客观标准认定“消费者”范围，坚持在生活消费需要范围内支持消费者关于惩罚性赔偿的诉讼请求。

《中华人民共和国食品安全法》第一百四十八条第二款规定，生产不符合食品安全标准的食品或者经营明知是不符合食品安全标准的食品，消费者除要求赔偿损失外，还可以向生产者或者经营者要求支付价款十倍或者损失三倍的赔偿金。该法确立了“退一赔十”的惩罚性赔偿规则。《最高人民法院关于审理食品药品纠纷案件适用法律若干问题的规定》第三条规定，因食品、药品质量问题发生纠纷，购买者向生产者、销售者主张权利，生产者、销售者以购买者明知食品、药品存在质量问题而仍然购买为由进行抗辩的，人民法院不予支持。有人为谋取不当利益，利用上述规定，远超出生活消费需要大量购买食品，通过扩大“一”、增加计算惩罚性赔偿金的基数达到高额索赔目的，导致有的生产经营者“小过担大责”，背离《中华人民共和国食品安全法》等法律和司法解释规定精神，也引发了是否应当支持“知假买假”的争议。

关于是否支持“知假买假”的争议主要集中于原告维权动机的认定。本次发布的典型案例坚持客观标准，均在合理生活消费需要范围内支持消费者关于惩罚性赔偿的诉讼请求，有利于消弭争议、统一规则，为保护食品安全和促进食品行业健康发展创造良好法治环境。

本次发布的郭某诉某经营部产品责任纠纷案中，原告先后共购买4件白酒，未超出生活消费需要。刘某诉某鹿业公司买卖合同纠纷案中，原告购买鹿胎膏、鹿鞭膏未超出生活消费需要。人民法院在这两案中均以消费者支付的全部价款为计算基数，支持了原告提出的惩罚性赔偿请求。

本次发布的沙某诉安徽某食品科技有限公司网络买卖合同纠纷案中，原告首次购买30盒“黄芪薏米饼干”，符合合理生活消费需要，人民法

院据此确定计算惩罚性赔偿金的基数；对于原告明知该产品不符合食品安全标准又超出生活消费需要加购部分，人民法院未支持其惩罚性赔偿请求。本案例体现了人民法院在适用“退一赔十”的惩罚性赔偿规则时，应当在合理生活消费需要范围内认定惩罚性赔偿金计算基数的裁判规则。

本次发布的张某诉上海某生鲜食品有限公司买卖合同纠纷案中，张某接连两天分别购买6枚和40枚刚过保质期的熟散装咸鸭蛋，通过银行卡刷卡支付46次，由经营者分别开具46张购物小票。张某利用《中华人民共和国食品安全法》第一百四十八条第二款关于增加赔偿的金额不足1000元的按1000元赔偿的规定，故意对46枚咸鸭蛋分46次结算，据此要求按46次交易分别主张每次增加赔偿1000元，以达到高额索赔的目的。上述行为明显超出正常生活消费需要，人民法院并未全部支持张某的诉讼请求。张某购买46枚咸鸭蛋，共支付价款101.20元，从总量的角度看，其购买行为未超出个人和家庭等的合理生活消费需要。人民法院从保护正常消费的角度出发，以张某实际支付的总价款101.20元为基数，计算价款十倍惩罚性赔偿金，彰显了人民法院坚持在“生活消费需要”范围内支持“消费者”关于惩罚性赔偿诉讼请求的裁判规则。

在个人和家庭等生活消费需要范围内支持消费者关于惩罚性赔偿的主张，符合《中华人民共和国消费者权益保护法》《中华人民共和国食品安全法》等法律和最高人民法院司法解释精神；有利于打击和遏制违法经营行为，落实“四个最严”要求，保护人民群众“舌尖上的安全”；能够避免形成过度激励，防范借维权名义实施敲诈勒索等违法行为，避免对正常生产经营秩序造成干扰。

在个人和家庭等生活消费需要范围内支持消费者关于惩罚性赔偿的主张，并不是放松打击和遏制违法生产经营食品的行为。人民法院始终坚持依法严厉打击违法生产经营不符合食品安全标准食品的行为，尤其是生产假冒伪劣、有毒有害和“三无”食品的行为。生产经营有毒有害等会对生命安全和身体健康造成实质危害的食品的，人民法院应当将违法线索移送行政主管部门，依法追究行政责任；生产经营者的行为涉嫌犯罪的，人民法院应当将涉嫌犯罪的线索移送公安机关，依法追究刑事责任；人民法院在办案过程中发现具有普遍性、典型性的违法问题的，应当通过信息共享、司法建议等方式与行政主管部门通力合作，形成法治合力，共同营造有利于保护食品安全、维护生产经营秩序的法治环境。

在发布本批典型案例的同时，《最高人民法院关于审理食品药品惩罚性赔偿纠纷案件适用法律若干问题的解释（征求意见稿）》亦正式向社会公开征求意见。发布食品安全惩罚性赔偿典型案例和制定食品药品惩罚性赔偿司法解释都为解决同一类问题，案例生动具体，司法解释规范明确，司法解释都是从案例中总结的，目的是统一裁判尺度，保护食品安全，打击借维权名义敲诈勒索生产经营者等违法行为，营造良好营商环境。

下一步，针对食品领域惩罚性赔偿法律适用等问题，最高人民法院将重点开展以下三方面工作：一是推动完善公益诉讼制度，进一步发挥公益诉讼打击和遏制市场主体违法行为的作用；二是加强与行政主管部门的沟通协作，畅通沟通渠道、健全协作机制，形成惩治食品领域违法行为的合力；三是加强食品安全知识和法律知识宣传，提高人民群众通过法律途径维护自身权益的能力，发挥广大人民群众对违法行为的监督作用。

食品安全惩罚性赔偿典型案例

目　录

案例一

消费者有权请求销售假冒注册商标食品的经营者支付价款十倍惩罚性赔偿金

——郭某诉某经营部产品责任纠纷案

【基本案情】

2021 年 11 月 17 日，郭某向某经营部购买某品牌白酒 2 件 12 瓶，并支付货款 11160 元。2021 年 11 月 23 日，郭某再次向某经营部购买某品牌白酒 2 件 12 瓶，并支付货款 10937 元。后郭某怀疑其购买的白酒为假酒，遂向当地市场监督管理部门举报。某白酒公司出具《鉴定证明书》，表明上述某品牌白酒并非该公司生产，属于假冒注册商标的产品。郭某起诉某经营部，要求退还购酒款并支付购酒款十倍的赔偿金。

【裁判理由】

审理法院认为，《中华人民共和国食品安全法》第一百四十八条第二款规定："生产不符合食品安全标准的食品或者经营明知是不符合食品安全标准的食品，消费者除要求赔偿损失外，还可以向生产者或者经营者要求支付价款十倍或者损失三倍的赔偿金；增加赔偿的金额不足一千元的，为一千元。但是，食品的标签、说明书存在不影响食品安全且不会对消费者造成误导的瑕疵的除外。"《最高人民法院关于审理食品安全民事纠纷案件适用法律若干问题的解释（一）》第十一条规定："生产经营未标明生产者名称、地址、成分或者配料表，或者未清晰标明生产日期、保质期的预包装食品，消费者主张生产者或者经营者依据食品安全法第一百四十八条第二款规定承担惩罚性赔偿责任的，人民法院应予支持，但法律、行政法规、食品安全国家标准对标签标注事项另有规定的除外。"某经营部销售的某品牌白酒为假冒注册商标的预包装食品，标注虚假的生产者名称、地址等信息，不符合食品安全标准。某经营部作为食品经营者，对其销售的假冒注册商标食品，不能证明食品来源合法，也未尽到进货审查义务，应当退还货款并承担惩罚性赔偿责任。某经营部关于其所出售假冒注册商标的白酒未对原告造成人身损害，只侵犯了某白酒公司的商标权，不应支付价款十倍赔偿金的抗辩不成立。郭某购买白酒属于生活消费行为，其请求支付价款十倍的惩罚性赔偿金，于法有据，应予支持，故判决某经营部退还郭某货款 22097 元并支付郭某赔偿金 220970 元。

【典型意义】

假冒伪劣食品会危害人民群众身体健康、生命安全。经营者销售假冒注册商标的食品，不仅侵害了企业的商标权，扰乱市场秩序，还侵害了消费者合法权益。消费者有权依据《中华人民共和国食品安全法》第一百四十八条第二款规定，请求经营者支付价款十倍的惩罚性赔偿金。本案中，郭某基于生活消费需要购买案涉白酒，人民法院严格落实习近平总书记提出的“四个最严”要求，不仅判决经营者向消费者退还货款，还判决经营者向消费者支付价款十倍的惩罚性赔偿金 220970 元。本案通过判决违法销售假冒注册商标食品的经营者承担惩罚性赔偿责任，让违法生产者或者经营者无法从违法行为中获利，既有利于营造诚实守信、公平竞争的营商环境，促进经济社会高质量发展，又有利于打击和遏制制售假冒伪劣食品的违法行为，保护人民群众“舌尖上的安全”。

案例二

消费者有权请求销售未标明生产日期等基本信息的预包装食品的经营者支付价款十倍惩罚性赔偿金

——刘某诉某鹿业公司买卖合同纠纷案

【基本案情】

2020年12月，刘某在某鹿业公司购买了鹿胎膏和鹿鞭膏，支付3680元；次年1月，刘某在某鹿业公司再次购买鹿胎膏和鹿鞭膏，支付7000元。上述鹿胎膏、鹿鞭膏产品标签上标注了主要成分、储存方式、保质期、净含量，但未标注生产日期、生产者的名称、地址、联系方式、产品标准代号等信息，刘某遂以此为由起诉请求某鹿业公司返还鹿胎膏和鹿鞭膏价款10680元并支付106800元赔偿金等。

【裁判理由】

审理法院认为，案涉鹿胎膏和鹿鞭膏属于预包装食品，在包装标签上未标明该商品的生产日期、生产者的名称、地址、联系方式、产品标准代号，不符合《中华人民共和国食品安全法》第六十七条和《预包装食品标签通则》的规定，属于标签缺乏基本信息，而非标签瑕疵。《最高人民法院关于审理食品药品纠纷案件适用法律若干问题的规定》第三条规定："因食品、药品质量问题发生纠纷，购买者向生产者、销售者主张权利，生产者、销售者以购买者明知食品、药品存在质量问题而仍然购买为由进行抗辩的，人民法院不予支持。"本条司法解释的适用应当与《中华人民共和国消费者权益保护法》第二条和《中华人民共和国食品安全法》第一百四十八条规定相结合，在"生活消费需要"范围内支持"购买者"提出的支付惩罚性赔偿金的诉讼请求。本案刘某购买鹿胎膏和鹿鞭膏未超出生活消费需要，根据《中华人民共和国食品安全法》第一百四十八条第二款和《最高人民法院关于审理食品安全民事纠纷案件适用法律若干问题的解释（一）》第十一条规定，其有权请求生产经营者承担惩罚性赔偿责任，故判决某鹿业公司向刘某返还价款10680元，并支付价款十倍惩罚性赔偿金106800元。

【典型意义】

标签非小事。预包装食品的包装标签所标明的生产者的名称、地址、联系方式、产品标准代号、生产许可证编号等事项对于保护消费者知情权、食品安全具有重要意义。经营者销售食品时，应当对预包装食品的包装标签是否标明了这些基本信息进行审查，否则将依法承担法律责任。《中华人民共和国食品安全法》第一百四十八条第二款规定的标签、说明书瑕疵，是指食品的标签、说明书存在不影响食品安全且不会对消费者造成误导的瑕疵，包括文字、符号、数字的字号、字体不规范，以及虽有错别字、多字、漏字但不会导致消费者对食品安全产生误解等情形。本案中，某鹿业公司销售给刘某的鹿胎膏和鹿鞭膏在包装标签上未标明生产者的名称、地址、联系方式、生产日期、产品标准代号等基本信息，不符合食品安全标准，会影响食品安全，也会对消费者造成误导，不属于标签瑕疵。刘某购买鹿胎膏和鹿鞭膏未超出其个人和家庭等生活消费需要，故刘某请求某鹿业公司支付价款十倍惩罚性赔偿金，应当依法支持。

《中华人民共和国食品安全法》第一百四十八条第二款规定经营者承担惩罚性赔偿责任的条件是经营明知是不符合食品安全标准的食品，而非已经或者确定会对消费者生命健康造成损害的食品。食品安全不容有万分之一的风险。有的不符合食品安全标准的食品，对人体健康的危害具有潜伏性、长期性，因此，消费者主张生产经营者依据《中华人民共和国食品安全法》第一百四十八条第二款规定承担惩罚性赔偿责任，生产者或者经营者以未造成消费者人身损害为由的抗辩不能成立。本案对于明确预包装食品包装标签的价值、经营者承担惩罚性赔偿责任的条件、标签瑕疵的认定规则具有典型意义。

案例三

购买食品发现不符合食品安全标准后再多次追加购买的，以未超出购买者合理生活消费需要部分为基数计算十倍惩罚性赔偿金

——沙某诉安徽某食品科技有限公司网络买卖合同纠纷案

【基本案情】

原告沙某于2020年12月15日在被告安徽某食品科技有限公司开设的网店购买了30盒“黄芪薏米饼干”，付款516元。2020年12月18日签收后，发现不符合食品安全标准，又分别于2020年12月30日、2021年1月12日、2021年3月3日，先后购买40盒、60盒、100盒“黄芪薏米饼干”，分别付款636元、1134元、1890元。四次总计付款4176元。沙某以产品中添加有黄芪粉，违反了有关规定为由起诉请求经营者退还价款4176元并支付相当于价款十倍的赔偿金41760元。

【裁判理由】

审理法院认为，国家有关部门就在食品中添加黄芪等九种药材开展试点工作，明确了试点审批要求。安徽某食品科技有限公司未按国家规定取得有关部门审批同意就私自在案涉饼干中添加黄芪并进行生产销售，违反我国关于食品安全的相关规定，属于生产经营不符合食品安全标准食品的行为，应依法承担责任。沙某首单购买30盒“黄芪薏米饼干”未超出合理生活消费需要，对其就该部分饼干提出的惩罚性赔偿请求应予支持。但是，沙某在收到首单饼干并确认饼干不符合食品安全标准后又在两个多月时间内多次向同一商家大量加购同款饼干，加购数量共计200盒，总重量高达18.4公斤。综合考量案涉饼干的保质期、普通消费者通

常的生活消费习惯等因素，沙某的加购行为超出正常的生活消费所需，对其就加购饼干提出的惩罚性赔偿请求不应支持，故判决支持沙某就首单购买饼干提出的惩罚性赔偿请求。

【典型意义】

《最高人民法院关于审理食品药品纠纷案件适用法律若干问题的规定》第三条规定："因食品、药品质量问题发生纠纷，购买者向生产者、销售者主张权利，生产者、销售者以购买者明知食品、药品存在质量问题而仍然购买为由进行抗辩的，人民法院不予支持。"人民法院在适用本条司法解释时，应当与《中华人民共和国消费者权益保护法》第二条和《中华人民共和国食品安全法》第一百四十八条规定相结合，在"生活消费需要"范围内支持"购买者"关于支付价款十倍惩罚性赔偿金的诉讼请求。本条司法解释所规定的"购买者"的购买行为，既包括消费行为也可能包括超出生活消费需要的非消费行为，"购买者"仅对所购食品未超出其个人和家庭等合理生活消费需要的部分，有权主张价款十倍惩罚性赔偿金。

本案中，沙某首次购买 30 盒"黄芪薏米饼干"，收货并确认饼干不符合食品安全标准后又连续加购三次，加购数量达 200 盒。人民法院综合考虑食品的保质期、普通消费者通常的生活消费习惯、购买次数及间隔时间等因素，认定沙某首次购买 30 盒"黄芪薏米饼干"符合合理生活消费需要，并据此确定计算惩罚性赔偿金的基数，对于正确适用食品安全惩罚性赔偿制度，打击违法生产经营行为，引导消费者诚信、理性维权，服务和保障经济社会高质量发展具有积极意义，实现了保护食品安全与维护生产经营秩序两种价值取向的平衡。

案例四

购买食品时故意分多次小额支付并主张每次结算赔偿1000元的，应以合理生活消费需要为限在付款总额内确定计算惩罚性赔偿金的基数

——张某诉上海某生鲜食品有限公司买卖合同纠纷案

【基本案情】

2016年2月20日，原告张某在被告上海某生鲜食品有限公司购买了6枚熟散装咸鸭蛋，每枚单价人民币2.20元，生产日期为2015年8月23日，保质期为180天。原告同时通过银行卡刷卡支付6次，由被告同时分别开具6枚咸鸭蛋购物小票6张。该批咸鸭蛋已过保质期1天。2016年2月21日，原告又在被告处购买了相同批次的40枚咸鸭蛋，同时通过银行卡刷卡支付40次，由被告同时分别开具40枚咸鸭蛋购物小票40张。该批咸鸭蛋已过保质期2天。原告以46枚咸鸭蛋均已过保质期为由向当地市场监督管理局举报，经调解未成，诉至法院，请求被告退还原告购物款101.20元，并由原告退还被告46枚咸鸭蛋；由被告按照每枚最低赔偿1000元计算共计赔偿46000元。

【裁判理由】

审理法院认为，原告在被告处购买46枚咸鸭蛋，购买当时均已过保质期，故原告以案涉产品不符合食品安全标准为由主张退款退货，于法有据，应予支持。被告销售超过保质期食品，属于“经营明知是不符合食品安全标准的食品”，应当承担惩罚性赔偿责任。另外，双方虽就同一批次相同过期食品结算了46次，但被告系与张某同一消费者进行交易，而非与不同消费者进行交易。张某于两日内分46次结算购买46枚咸鸭

蛋，并据此主张按照每枚咸鸭蛋赔偿1000元为标准计算惩罚性赔偿金共计46000元，明显与《中华人民共和国食品安全法》惩罚性赔偿制度精神不符，亦有悖诚信原则，不应予以支持。张某购买46枚咸鸭蛋所支付的总金额为101.20元，未超出生活消费需要，应当以总金额为基数，计算惩罚性赔偿金。因此，审理法院判决被告退还原告购物款101.20元，赔偿原告1012元；原告返还被告熟散装咸鸭蛋46枚。

【典型意义】

购买者故意在单次交易中进行数次或者数十次小额付款，并依照《中华人民共和国食品安全法》第一百四十八条第二款关于增加赔偿的金额不足1000元应按1000元计算的规定，请求每次结算赔偿1000元，按结算次数累计计算惩罚性赔偿金，不符合消费者通常交易习惯，与《中华人民共和国食品安全法》第一百四十八条第二款规定的惩罚性赔偿制度精神不符。人民法院应当在合理生活消费需要范围内，将购买人分次支付价款的总额作为计算惩罚性赔偿金的基数，判决生产经营者支付价款十倍惩罚性赔偿金。本案中，原告购买46枚咸鸭蛋，共支付价款101.20元，未超出其个人和家庭等的合理生活消费需要，审理法院以其实际支付的总价款101.20元为基数，计算价款十倍惩罚性赔偿金，明确了人民法院坚持在"生活消费需要"范围内支持"消费者"关于惩罚性赔偿诉讼请求的立场，既保护了广大人民群众"舌尖上的安全"，又维护了诚信有序的生产经营秩序。

【涉欠薪纠纷典型案例专题】

最高人民法院、人力资源和社会保障部、中华全国总工会发布涉欠薪纠纷典型案例新闻发布稿

按时足额获得劳动报酬是劳动者最关心的权益。党的十八大以来，以习近平同志为核心的党中央围绕加强劳动者权益保护、深化根治欠薪工作等作出重要部署。为深入学习贯彻党的二十大关于完善劳动者权益保障制度、中央经济工作会议关于保障农民工工资按时足额发放的重要部署，最高人民法院、人力资源和社会保障部、中华全国总工会联合发布涉欠薪纠纷典型案例，通过案例明晰欠薪纠纷多元化解决途径，促进保障制度落实落细，从源头遏制欠薪问题发生，健全根治欠薪长效机制，有效维护劳动者合法权益和社会和谐稳定。此批案例主要具有以下特点。

一、加强部门联动，织牢根治欠薪“保护网”

人民法院、人力资源社会保障行政部门、劳动人事争议仲裁机构、工会等相关职能部门坚持以人民为中心，综合运用工会参与调解协商、行政执法、劳动争议仲裁、司法等多种手段，妥善化解欠薪纠纷。此次发布的典型案例中既有人民法院、人力资源社会保障行政部门、劳动人事争议仲裁机构、工会等部门常态化联合开展矛盾纠纷预防化解工作的案例，又有诉调对接促进矛盾纠纷实质化解、工会积极协调检察机关启动民事支持起诉的案例。人民法院、人力资源社会保障行政部门、劳动

人事争议仲裁机构、工会立足法定职能，探索打造根治欠薪联动链，全力解决好群众“急难愁盼”问题，不断满足人民群众对美好生活的向往和需求，让劳动者在每一起追索欠薪纠纷案件中感受到法治的力量与温度，形成劳动者合法权益保护大格局。

二、强化多措并举，建立根治欠薪“快车道”

欠薪纠纷关系劳动者生存利益的维护，保障其利益诉求快速实现具有重要意义。各部门立足自身职能，确保欠薪纠纷及时高效处理。人民法院不断完善拖欠农民工工资案件的快立、快审、快执绿色通道，确保劳动者及时兑现胜诉权益。在王某等114名农民工诉余某、某工程技术公司、某电器公司、某市公路总公司劳务合同纠纷案中，人民法院20天内全部执行完毕；在尹某等10人诉某单位劳务合同纠纷案中，人民法院充分运用支付令、人民调解与司法确认模式，高效兑现劳动者合法权益。充分运用智慧法院建设成果，打造在线诉讼平台，通过数字赋能切实回应当事人对于诉讼便利和效率的迫切需求，同时同步加强对不掌握线上平台使用方式当事人的线下诉讼指导，全方位维护当事人的合法权益。在颜某等11名农民工欠薪纠纷案中，工会调解员通过线上线下调解，快速化解纠纷。在李某等48人诉某制造公司追索劳动报酬纠纷案中，劳动人事争议仲裁机构通过农民工工资争议速裁庭快速裁决案件，及时有效保障其合法权益。

三、积极能动履职，立足根治欠薪“最前沿”

坚持和发展新时代“枫桥经验”，深化“抓前端、治未病”理念，把诉调对接的“调”向前延伸，把矛盾纠纷化解在基层、化解在萌芽状态。最高人民法院会同人力资源和社会保障部、中华全国总工会持续推进在线诉调对接工作，实现诉讼内外纠纷化解方式的系统化、常态化对接，便捷高效满足劳动者和用人单位多元解纷需求。在肖某等9名农民工欠薪纠纷案中，职工法律服务一体化基地汇集工会、法院、司法行政、人力资源社会保障等部门的调解、法律援助、仲裁、诉讼等职能作用，创建劳动关系领域“枫桥”机制，开展劳动争议源头治理。在某楼盘项目承建商欠薪纠纷案中，当地总工会通过 12351 热线发现欠薪线索后主动提前介入，联合行业主管部门协调企业全额支付工资。在王某等 114 名农民工诉余某、某工程技术公司、某电器公司、某市公路总公司劳务合同纠纷案中，人民法院针对审理中发现的企业不落实工资保证金制度等问题，及时通过司法建议形式积极参与社会综合治理。在某器材公司破产清算转重整案中，人民法院与人力资源社会保障行政部门举办破产企业职工专场招聘会，高效解决 235 名职工安置问题。坚持把非诉讼纠纷解决机制挺在前面，积极推动欠薪纠纷的诉源治理和多元化解，通过诉源治理推动建立根治欠薪长效机制。

四、明晰裁审规则，树立根治欠薪“风向标”

发挥典型案例引领示范作用，培养用人单位、劳动者的自觉守法用法意识，引导当事人形成合理诉讼预期，依法理性维权。针对劳动者证据收集能力较弱、留存证据意识不足等情况，明确用人单位对劳动者工资支付情况负有举证责任、劳动保障监察机构依法调取的证据可作为仲裁证据使用。明晰建设领域欠薪清偿责任主体，更好保障农民工工资权益。在卢某诉刘某、某建设公司、某置业公司劳务合同纠纷案中，人民法院判令承包劳务项目的个人和允许挂靠的施工单位共同承担农民工工资的支付责任，有利于倒逼施工单位依法依规参与建设活动，切实减少挂靠行为发生。积极应对数字经济下新型工作方式，规范新型报酬支付方式，明确用人单位变更工资支付方式应与劳动者协商一致，确立线上加班费认定规则，保障劳动者及时足额获得劳动报酬。

“民生无小事，枝叶总关情。”下一步，最高人民法院、人力资源和社会保障部、中华全国总工会将全力以赴推动根治欠薪工作落实落细，畅通维权渠道，兜牢民生底线，切实维护劳动者的合法权益，为经济高质量发展和社会和谐稳定贡献力量。

涉欠薪纠纷典型案例

目 录

案例一

府院联动实现解决欠薪与促进就业“双赢”

——某器材公司破产清算转重整案

【基本案情】

某器材公司陷入财务困境，债务规模超过 8 亿元，涉及债权人超过 410 户。2022 年 7 月，人民法院裁定受理债权人对某器材公司的破产清算申请。截至破产受理时，某器材公司仍有在册职工 235 名，已拖欠七个月工资未支付且长期欠缴社会保险费，导致职工生活困难、无法享受基本医疗保险待遇。

【裁判结果】

审理法院虑及某器材公司职工人数多、欠薪时间久等因素，在指导管理人安抚职工情绪、加紧核查债权的同时，依托府院联动机制，积极争取欠薪应急保障金全额垫付欠薪 550 余万元。审理法院牵头人力资源社会保障部门同步举办专场招聘会，将某器材公司的技术性人才、熟练工人等人才资源输出给同行业其他企业，帮助职工再就业，现场意向签约率超过50%，基本解决235名职工安置问题。

【典型意义】

破产程序可以实现资源重新配置，通过企业的优胜劣汰完善社会主义市场主体的救治和退出机制。《全国法院破产审判工作会议纪要》第二十七条规定："企业破产与职工权益保护。破产程序中要依法妥善处理劳动关系，推动完善职工欠薪保障机制，依法保护职工生存权。由第三方垫付的职工债权，原则上按照垫付的职工债权性质进行清偿；由欠薪保障基金垫付的，应按照企业破产法第一百一十三条第一款第二项的顺序清偿。债务人欠缴的住房公积金，按照债务人拖欠的职工工资性质清偿。"本案中，人民法院依法妥善处理劳动关系，推动完善职工欠薪保障机制，依法保护职工生存权。人民法院对于符合条件的破产企业，积极协调以欠薪保障基金垫付的方式先行清偿职工债权，及时解决破产企业职工工资久拖未决的问题。同时，破产企业职工再就业与其后续生活保障息息相关。人民法院发挥府院联动机制优势作用，高效解决破产企业职工欠薪和安置问题，继续发挥技术人才社会价值，促进社会经济发展。

案例二

以司法建议助推欠薪纠纷源头治理

——王某等114名农民工诉余某、某工程技术公司、某电器公司、某市公路总公司劳务合同纠纷案

【基本案情】

某工程技术公司、某电器公司、某市公路总公司自愿组成联合体中标案涉交通工程项目，某工程技术公司为牵头单位。余某从某工程技术

公司分包部分施工项目。施工过程中，余某雇用王某等 114 名农民工提供劳务，余某拖欠王某等人工资共计 3404085 元。王某等人因工资长期未支付提起诉讼，要求余某、某工程技术公司、某电器公司、某市公路总公司等支付剩余工资 280 余万元。

【裁判结果】

审理法院认为，余某雇用王某等 114 名农民工在其承包项目工程上施工，双方存在劳务合同关系，王某等人按约施工完毕后，余某应向王某等人足额支付工资。某工程技术公司、某电器公司、某市公路总公司自愿组成联合体，由作为牵头单位的某工程技术公司将案涉项目违法分包给不具备用工主体资格的余某，应对余某所欠付的工资承担共同清偿责任，判决余某、某工程技术公司、某电器公司、某市公路总公司共同向王某等人支付工资。114 名农民工的工资于 20 天内全部执行完毕。审理法院针对本案中反映出的未依法存储农民工工资保证金的违法行为向行政主管部门发出司法建议，主管部门收到建议后高度重视并及时回复，取得良好效果。

【典型意义】

工资是农民工的重要生活保障。保障农民工工资支付，不仅关系广大农民工的切身利益，更事关社会公平正义与和谐稳定。本案中，人民法院运用“立+审+执”一体化纠纷解决机制，判令中标联合体对拖欠农民工工资共同承担清偿责任，20 天内全部执行完毕，高效兑现百余名农民工的合法权益。《保障农民工工资支付条例》第三十二条第一款规定：“施工总承包单位应当按照有关规定存储工资保证金，专项用于支付为所承包工程提供劳动的农民工被拖欠的工资。”在审理过程中发现企业存在违法行为后，人民法院充分发挥司法能动作用，以司法建议“小切口”参与社会治理“大文章”，将司法建议融入欠薪治理工作，敦促行政机关依法履职尽责，责令企业依法及时存储农民工工资保证金，助推诉源治理工作。本案立足源头预防、前端治理，人民法院积极与行政部门对接，增强矛盾纠纷化解合力，妥善化解欠薪纠纷，实现政治效果、法律效果、社会效果的有机统一。

案例三

“支付令+调解”构建劳动者维权“快车道”

——尹某等10人诉某单位劳务合同纠纷案

【基本案情】

尹某等10人为退休返聘的老年人，退休后在某单位工作。某单位未足额支付尹某等10人劳务报酬，欠薪金额从数千元至数万元不等，总欠薪金额达36万余元。尹某等10人起诉请求某单位支付欠付的劳务报酬。

【裁判结果】

审理法院认为，某单位未按时支付劳务报酬已构成违约，应当向尹某等10人支付拖欠的劳务报酬。为促进矛盾纠纷就地实质化解，减少当事人诉累，该系列案件以审理法院向某单位发布支付令、“诉前调解+司法确认”、诉讼调解等方式，确认某单位给付劳务报酬数额。

【典型意义】

法律规定督促程序的目的是简化程序，尽快稳定社会关系和经济关系。督促程序专门用于解决债权债务关系明确而债务人无正当理由拒不偿还债务的非讼案件。支付令是在督促程序中人民法院应债权人的申请作出的要求债务人向债权人给付一定的金钱或者有价证券的命令。债务人在法定期间内没有提出异议，支付令生效，债权人可申请人民法院强制执行；债务人在法定期间内提出书面异议，支付令则失效。本案中，人民法院通过发布支付令、“诉前调解+司法确认”等举措，发挥督促程序简便迅速、调解成本低、效果好的优势，以司法确认赋予调解协议法律强制执行效力，有力地维护了劳动者的合法权益，满足了人民群众多元司法需求。

案例四

被挂靠施工单位应承担挂靠施工导致欠薪的清偿责任

——卢某诉刘某、某建设公司、某置业公司劳务合同纠纷案

【基本案情】

郭某等借用某建设公司资质与建设单位某置业公司签订合同，约定某置业公司将案涉工程土建、安装工程承包给某建设公司。刘某以某劳务公司名义与郭某等签订劳务施工协议。刘某雇用农民工卢某从事砌墙劳务工作。刘某向卢某出具 8120 元工资欠条。后刘某支付卢某 3000 元，某建设公司支付卢某 1012 元，尚欠工资 4108 元未付。某置业公司已按合同约定的比例向某建设公司支付工程款。卢某提起诉讼，请求刘某、某建设公司共同支付欠付工资，某置业公司在欠付工程款范围内承担付款责任。

【裁判结果】

审理法院认为，某建设公司为案涉工程施工单位。刘某承包了部分劳务，卢某受刘某雇用提供劳务，卢某与刘某之间存在劳务合同关系，刘某应支付欠付卢某的工资 4108 元。根据《保障农民工工资支付条例》第三十六条第二款的规定，某建设公司允许郭某等以公司名义对外承揽建设工程，对于拖欠农民工卢某的工资应承担清偿责任。某置业公司作为建设单位，其将工程承包给某建设公司，且已按合同约定支付工程款，

不应承担清偿责任。判令刘某、某建设公司支付卢某欠付工资。

【典型意义】

《保障农民工工资支付条例》对工程建设领域欠薪以专章形式作出规定，为农民工按时足额获得工资提供特别保护。法律法规明确规定工程建设领域禁止挂靠行为。《保障农民工工资支付条例》第三十六条第二款规定："施工单位允许其他单位和个人以施工单位的名义对外承揽建设工程，导致拖欠农民工工资的，由施工单位清偿。"本案中，人民法院准确适用法律法规规定，对于施工单位出借资质允许其他单位或个人以施工单位名义对外承揽工程项目导致拖欠农民工工资的，判令承包劳务项目的个人和被挂靠施工单位共同承担清偿责任，避免各方主体互相推诿转嫁风险，既明晰了违法挂靠情形下拖欠农民工工资的清偿责任主体认定规则，又有利于倒逼施工单位依法依规参加建设活动，切实规范工程建设、劳动用工等行为。

案例五

用人单位变更工资支付方式应与劳动者协商一致

——杨某诉某培训中心劳动争议案

【基本案情】

某培训中心通过银行转账、微信转账或者支付宝转账形式向杨某发放工资。后某培训中心通过某购物平台向杨某支付工资，杨某只能按照比例从某购物平台提取部分工资。杨某认为某培训中心存在通过某购物平台发放工资未征得其同意且未足额支付工资等违法行为，申请劳动争议仲裁。后杨某不服仲裁裁决，提出要求某培训中心支付未足额发放的工资 14981.76 元等诉讼请求。

【裁判结果】

审理法院认为，鉴于通过某购物平台支付工资导致杨某每月实得工资低于应得工资，某培训中心应当就改变工资支付方式与杨某协商一致。杨某无法通过某购物平台足额领取工资，已多次向某培训中心表示不希望通过某购物平台发放工资，某培训中心作为用人单位负有向劳动者及时足额支付劳动报酬的义务，判令某培训中心补足杨某的工资差额。

【典型意义】

用人单位负有向劳动者及时足额支付工资的法定义务。近年来，伴随经济与社会发展，部分用人单位选择通过第三方软件或者网络平台支付工资致使劳动者提取工资时存在不便，甚至被扣除部分费用，客观上导致劳动者收入水平降低。劳动者作为劳动关系中相对弱势方，无法自行选择劳动报酬的支付方式。本案明确了用人单位变更工资支付方式应与劳动者协商一致，且不应违反强制性法律规定；因用人单位的原因导致劳动者收入减少的，用人单位负有支付欠付工资义务等规则，引导用人单位依法行使经营自主权，全面维护劳动者的合法权益。

案例六

线上加班费应结合劳动者加班频率、时长、工资标准、工作内容等因素认定

——李某诉某文化传媒公司劳动争议案

【基本案情】

李某于 2020 年 4 月入职某文化传媒公司，担任短视频运营总监，双方签订了期限自 2020 年 4 月 8 日至 2023 年 4 月 7 日的劳动合同，约定了

三个月的试用期，试用期工资标准为每月 2 万元。李某在 2020 年 4 月 8 日至 2020 年 5 月 28 日任职期间，在非工作时间完成了回复设计方案、方案改进等工作。2020 年 5 月 28 日，某文化传媒公司以李某试用期不符合录用条件为由解除劳动关系，未支付李某加班费。李某认为某文化传媒公司存在未支付加班费等违法行为，申请劳动争议仲裁。后李某不服仲裁裁决，提出要求某文化传媒公司支付延时加班费 19670.5 元、双休日加班费 26331 元等诉讼请求。

【裁判结果】

审理法院认为，加班费数额应当综合劳动者岗位工作情况、用人单位业务特点及报酬给付标准等予以认定。因李某的工作无须在用人单位工作场所完成，且工作时间较为分散，难以量化考勤和进行科学的统计，审理法院根据李某提交的微信内容、自述公司的考勤时间及工资标准，酌情确定某文化传媒公司支付延时加班费 1 万元；根据微信内容等确定李某存在三个休息日到岗事实，判令某文化传媒公司支付休息日加班工资 5517.24 元。

【典型意义】

线上加班发生在非工作时间、非工作地点，工作安排及成果提交由线下转向线上，具有居家化、碎片化特点，不同于传统意义上在用人单位的加班，存在用人单位难以对劳动者进行实时监督管理、劳动者亦难以举证证明其加班时长等难题。本案中，人民法院在认定线上加班加班费时，以劳动者提供的劳动占用其休息时间为认定标准，综合考虑劳动者的加班频率、时长、工资标准、工作内容等因素，酌情认定劳动者的加班费，依法保护劳动者的合法权益。

案例七

用人单位对农民工工资支付情况负有举证责任

——唐某诉某建筑劳务公司追索劳动报酬纠纷案

【基本案情】

唐某与某建筑劳务公司签订书面劳动合同，工作岗位为木工。后唐某在工作中受伤，被认定为工伤并进行了伤残等级评定。因双方对唐某受伤当月工资支付发生争议，唐某向劳动人事争议仲裁委员会申请仲裁，要求某建筑劳务公司支付其受伤当月工资。

【裁决结果】

劳动人事争议仲裁委员会认为，《中华人民共和国劳动争议调解仲裁法》第六条规定："发生劳动争议，当事人对自己提出的主张，有责任提供证据。与争议事项有关的证据属于用人单位掌握管理的，用人单位应当提供；用人单位不提供的，应当承担不利后果。"《保障农民工工资支付条例》第五十条规定："农民工与用人单位就拖欠工资存在争议，用人单位应当提供依法由其保存的劳动合同、职工名册、工资支付台账和清单等材料；不提供的，依法承担不利后果。"某建筑劳务公司虽然主张唐某受伤当月仅工作十余天并已结清其工资，但未提供工资支付台账和清单等相应证据，应当承担举证不能的不利后果，遂认定唐某受伤当月全勤（唐某受伤日为当月最后一天），并根据双方均认可的唐某日工资标准，裁决某建筑劳务公司支付唐某受伤当月工资5000余元。

【典型意义】

我国劳动法律将保护劳动者的合法权益作为立法宗旨之一，在相关规定中充分考虑了劳动者特别是农民工举证能力不足的实际情况。在劳动争议案件中，工资支付台账和清单是认定用人单位是否依法履行工资支付义务的重要依据。《保障农民工工资支付条例》第十五条规定：“用人单位应当按照工资支付周期编制书面工资支付台账，并至少保存3年。书面工资支付台账应当包括用人单位名称，支付周期，支付日期，支付对象姓名、身份证号码、联系方式，工作时间，应发工资项目及数额，代扣、代缴、扣除项目和数额，实发工资数额，银行代发工资凭证或者农民工签字等内容。用人单位向农民工支付工资时，应当提供农民工本人的工资清单。”用人单位应当严格落实上述要求，编制、保存好农民工工资支付台账和清单，清晰记录工作时间、工资项目及数额等要素，避免在劳动争议仲裁及诉讼过程中承担举证不能的不利后果。

案例八

劳动保障监察机构依法调取的证据可作为仲裁证据使用

——赖某诉某房地产公司追索劳动报酬纠纷案

【基本案情】

某房地产公司拖欠赖某工资，当地劳动保障监察大队通过约谈公司负责人，督促其支付了赖某部分工资。赖某对工资支付数额存在异议，向劳动人事争议仲裁委员会申请仲裁，要求某房地产公司支付其余工资。

【裁决结果】

劳动人事争议仲裁委员会认为，《保障农民工工资支付条例》第三条第一款规定：“农民工有按时足额获得工资的权利。任何单位和个人不得拖欠农民工工资。”劳动人事争议仲裁委员会经开庭审理并结合劳动保障监察大队调查笔录认定工资支付数额，裁决某房地产公司支付赖某工资5000余元。

【典型意义】

劳动保障监察、劳动人事争议仲裁均为劳动者法定维权渠道。履行职能的机构加强协作配合，对于统筹发挥劳动保障监察行政执法优势和劳动人事争议仲裁的准司法作用，提升农民工维权便利度，化解讨薪难问题具有积极意义。人力资源和社会保障部与最高人民法院等五部门联合印发的《关于实施“护薪”行动全力做好拖欠农民工工资争议处理工作的通知》（人社部发〔2019〕80 号）规定“根据劳动争议仲裁、劳动保障监察职责特点和优势，按照有利于及时有效维护农民工合法权益原则，引导农民工依法理性选择维权方式。仲裁机构要与劳动保障监察机构加强协调配合，完善信息共享、事实互认、情况会商、协调处置等联动工作机制”；《人力资源和社会保障部办公厅关于开展农民工工资争议速裁庭建设专项行动的通知》（人社厅函〔2023〕69 号）规定“对已经劳动保障监察机构行政处理意见认定的事实，除当事人已申请行政复议、提起行政诉讼外，速裁庭予以认可”，对推进两个机构联动工作机制建设提出了明确要求。各级劳动保障监察机构与劳动人事争议仲裁机构要立足职能职责，根据农民工维权需求及办案实践需要不断创新联动模式，更好维护农民工的劳动报酬权益。

案例九

发挥多元处理机制作用化解集体劳动争议

——李某等 48 人诉某制造公司追索劳动报酬纠纷案

【基本案情】

某制造公司因经营困难，拖欠李某等 48 名劳动者工资，并与部分劳动者协商解除劳动合同，导致双方矛盾激化。李某等人向劳动人事争议仲裁委员会申请仲裁，要求某制造公司支付工资、经济补偿等。

【处理结果】

案件所在地劳动人事争议仲裁委员会、法院、工会、司法、信访等部门立足法定职能，建立“五方联调机制”，常态化开展矛盾纠纷预防化解工作。区总工会征求劳动者意见，协调提供多个匹配工作岗位，率先促成12名申请人撤诉。劳动人事争议仲裁委员会坚持调解优先，与双方当事人多轮沟通、对争议焦点解疑释惑；司法局选派律师参与调解，了解劳动者需求、提供专业咨询。最终，32名劳动者与某制造公司签订调解协议，劳动人事争议仲裁委员会现场制作调解书，某制造公司当场支付工资、经济补偿等共计183万余元。对于4名未签订调解协议的劳动者，劳动人事争议仲裁委员会开通农民工工资争议速裁“绿色通道”，及时有效保障其合法权益。

【典型意义】

集体劳动争议涉及劳动者人数多、社会影响大，办理效果直接关系劳动关系和谐与社会稳定。近年来，各地积极探索，不断完善党委领导、政府负责、人力资源社会保障部门牵头和有关部门参与、司法保障、科技支撑的劳动争议多元处理机制，发挥部门优势，形成调处合力。各部门通过劳动争议多元处理机制第一时间了解当事人诉求、问题，减少重复沟通和部门衔接环节，对于防范化解劳动关系风险、维护劳动者合法权益发挥了积极作用，推动矛盾纠纷得到快速柔性化解。

案例十

工会积极协调检察机关支持起诉助力劳动者维权

——牛某等 14 人诉某餐饮公司追索劳动报酬纠纷案

【基本案情】

牛某等 14 人均系务工人员，于 2021 年 1 月前后在某餐饮公司工作。2021 年 5 月，某餐饮公司歇业后未结清牛某等人的劳动报酬。同年 9 月，牛某等人向某餐饮公司所在区总工会寻求帮助。区总工会指派职工法律援助律师提供法律援助并代为提起劳动争议仲裁。因主要证据为电子证据，来源和真实性难以固定，牛某等人的请求事项未获劳动人事争议仲裁委员会支持。区总工会评估案情后，认为劳动者举证能力不足导致败诉，仅依靠工会维权律师调查取证存在较大难度，遂积极协调联系检察机关启动民事支持起诉机制。

【处理结果】

检察机关会同区总工会，共同前往留存电子证据的公司调查取证，核实案件关键证据真实性。在取得关键证明并固定证据后，检察机关向审理法院发出支持起诉书，将为支持起诉调查取得的证据随支持起诉书一并提交给审理法院。因关键证据得到查证及固定，审理法院判决支持了牛某等人的诉讼请求。

【典型意义】

作为弱势群体的劳动者维护自身权益时常面临自身维权意识不足、证据收集能力较弱等难题。工会具有依法开展劳动法律监督，为劳动者提供法律援助等职能。本案中，区总工会收到劳动者求助信息后，第一时间指派援助律师提供法律援助，帮助劳动者追索劳动报酬。面临取证难题时，区总工会积极协调，启动“工会+检察机关”职工劳动权益保障协同工作机制，联系检察机关支持起诉。检察机关行使调查核实权协助劳动者收集、固定证据，提出支持起诉意见。工会职工法律援助、劳动法律监督与检察机关依法支持起诉职能的有机联动，充分保护了劳动者的合法权益。

案例十一

多部门协同化解欠薪纠纷

——肖某等 9 名农民工欠薪纠纷案

【基本案情】

某装修公司与某装饰公司签订工程施工装修项目合同。某装修公司招用了多名农民工开展施工，后因资金周转问题，拖欠肖某等 9 名农民工工资。肖某等人作为代表到某镇职工法律服务一体化基地反映问题，寻求帮助。

【处理结果】

按照职工法律服务一体化基地部门职责分工，某镇总工会劳动法律监督委员会受理案件后，启动“园区枫桥”机制，第一时间通报镇政府、司法所、劳动保障所、人民调解委员会案件情况。随后，镇总工会劳动法律监督委员会指派工会劳动法律监督员对农民工反映的情况进行调查取证，核实相关情况，并向某装修公司发出《工会劳动法律监督提示函》，提示其要遵守劳动法律法规。镇总工会联合镇司法所、劳动保障所、人民调解委员会，多次组织相关当事人协商，最终促使当事人达成和解，农民工已领取工资。

【典型意义】

职工法律服务一体化基地以职工法援室、调解工作室、劳动争议仲裁庭、劳动法庭等设置为基础，汇集工会、法院、司法行政、人力资源社会保障等部门调解、法律援助、仲裁、诉讼等职能作用，主要为职工提供一体化、一站式法律服务。基地解决了过去矛盾纠纷化解渠道单一等问题，有利于就近、从快解决矛盾纠纷。地方工会联合多部门共同推动建设职工法律服务一体化基地，创建劳动关系领域“园区枫桥”机制，力争做到“小事不出企业、大事不出园区、矛盾不上交”，把劳动纠纷化解在基层、解决在萌芽状态。本案中，职工法律服务一体化基地及时启动“园区枫桥”机制，镇总工会及时向企业发出《工会劳动法律监督提示函》，引导当事人知法、用法、守法，积极履行法律责任，多方联动通过调解方式及时为农民工追回拖欠的工资，实现了纠纷的实质性化解。

案例十二

“法院+工会”诉调对接促进矛盾纠纷实质化解
——颜某等11名农民工欠薪纠纷案

【基本案情】

颜某等11名农民工在承包商商某的维修改造项目中承担涂料工作。工程完工后，商某拖欠颜某等人工资6万余元。颜某等人多次要求商某支付工资，商某以各种理由一直拒付。颜某等人到某县“法院+工会”诉调对接工作室请求帮助。

【处理结果】

工会调解员了解到商某因不履行其他案件判决已被人民法院拘留后，

立即与人民法院沟通联系，促成商某向人民法院出具本案的还款计划。后经工会调解员调解，颜某等8名农民工当场与商某达成协议并签字。因另3名农民工在外地，工会调解员通过法院网上调解平台，组织当事人调解达成协议。调解协议达成后，人民法院及时对调解协议进行了司法确认。目前，调解协议已经履行完毕。

【典型意义】

工会充分履行化解劳动关系矛盾纠纷的职能，联合人民法院积极打造协调联动、便民高效的“法院+工会”诉调对接模式，有效实现了一站式受理、一揽子调处、全链条化解。人民法院强化信息化平台建设，开展矛盾纠纷在线咨询、分流、调解、反馈、司法确认，确保案件网上流转顺畅，信息数据互通共享。本案中，当地工会发挥组织优势，认真听取劳动者的意见和诉求，找准解纷“切入口”，依托法院调解平台，通过线下线上调解结案，充分展现了“法院+工会”诉调对接快速便民的优势，为农民工解决追索欠薪的烦心事，让人民群众的幸福感和获得感更真实、更充实。

案例十三

发挥12351热线功能维护劳动者合法权益

——某楼盘项目承建商欠薪纠纷案

【基本案情】

某省总工会12351服务职工热线接到陈某来电，称某楼盘项目工地拖欠30多人的工资，希望工会介入协调、跟进处理，协助职工追讨被拖欠的工资。12351职工热线平台及时向属地工会派发工单，要求限期办理。

【处理结果】

经涉事企业所在镇总工会调查核实，楼盘项目承建商某建设公司欠付百余名工程装修工人的工资。经镇总工会、人力资源社会保障、综治办、公安、社区工联会等部门与某建设公司、劳动者协商，某建设公司于当天支付120名工人的工资。镇总工会、住建部门等多部门联合居中协调后续欠付工资维权事宜，某建设公司支付了全部剩余工资。

【典型意义】

12351服务职工热线是职工维护自身合法权益的重要渠道。12351职工热线平台实行全省来电统一接听、律师和客服分类解答、工单逐级交办，为职工提供7×24小时、全年无休的服务。职工向12351职工热线平台提出需求后，平台通过工单系统派发给承办单位，由其签收并办理。工单的办理及结果报送工作，遵守“属地管理、分级负责，谁主管、谁负责”“依法、及时、就地解决问题与疏导教育相结合”的原则。承办单位安排专人对工单进行协调处理，在规定期限内办结，实施回访制度，确保职工诉求得到及时回应。本案中，12351服务职工热线接到投诉举报以后，及时交办属地工会进行调查核实。当地工会协调有关部门合力做好劳动争议协商调处工作，发挥多部门联动机制作用，及时依法维护职工合法权益，维护社会和谐稳定。

【涉农民事典型案例专题】

最高人民法院发布涉农民事典型案例新闻发布稿

农业是立国之本、强国之基。党的十八大以来，以习近平同志为核心的党中央坚持把解决好“三农”问题作为全党工作重中之重，坚持不懈地采取有力措施推进农业农村现代化。党的十九大明确提出实施乡村振兴战略后，党中央连续出台政策文件，制定发展规划，为乡村振兴提供政策指导和支持。党的二十大报告提出：“加快建设农业强国，扎实推动乡村产业、人才、文化、生态、组织振兴。”近日，习近平总书记再次对“三农”工作作出重要指示，强调推进中国式现代化，必须坚持不懈夯实农业基础，推进乡村全面振兴。2023年12月19日至20日召开的中央农村工作会议部署了2024年“三农”工作，进一步强调要锚定建设农业强国目标，把推进乡村全面振兴作为新时代新征程“三农”工作的总抓手，要不断提升乡村产业发展水平、乡村建设水平、乡村治理水平。

最高人民法院深入学习贯彻习近平总书记关于“三农”工作的重要论述、重要指示精神，切实贯彻落实党中央关于推进乡村全面振兴的战略决策，充分认识做好新时代新征程“三农”工作的极端重要性和现实紧迫性，不断强化司法服务“三农”意识，坚持能动司法履职，及时修改审理涉农村土地承包纠纷案件司法解释，多次发布涉农司法政策文件，加强指导各地法院依法妥善审理各类涉农纠纷案件，大力开展涉农矛盾纠纷多元化解及诉源治理工作，为推进乡村全面振兴提供有力司法服务和保障。

为进一步发挥司法服务保障推进乡村全面振兴、建设农业强国的职能作用，助力提升乡村治理水平，加快农业农村现代化步伐，最高人民法院从全国法院报送的涉农民事典型案例中选取 9 个案例，向社会公布。此次发布的案例具有以下几个特点。

一、突出保护耕地的理念和要求

十分珍惜、合理利用每寸土地和切实保护耕地是我国的基本国策。耕地保护事关粮食安全、生态安全和社会稳定，坚守耕地保护红线不仅是各级政府的职责，也是司法机关义不容辞的责任。在案例 1 徐某某与邬某某租赁合同纠纷案中，人民法院依法宣告将耕地作非农业用途的土地租赁合同无效，并向有关部门发送司法建议，促使有关部门和当地政府采取有力措施开展集中整治活动，使百余亩被“非农化”的耕地再次恢复农业用途，充分展示了人民法院依法保护耕地的职责担当。

二、突出助力深化农村承包地“三权分置”改革

人民法院在案件审理中严格按照“落实集体所有权、稳定农户承包权、放活土地经营权”要求，正确认定事实，准确适用法律，保障和促进承包地“三权分置”改革顺利推进。在案例 2 某村民委员会与于某某土地承包经营权确认纠纷案中，人民法院依法认定朱某某未经民主议定程序擅自以村委会名义对外发包土地行为无效；在案例 3 周某某与某村民委员会土地承包经营权纠纷案中，人民法院依法保护实际投入的承包人在土地被征收后获得青苗补偿费的权利。该两起案例对于规范农村土地承发包行为，保护村集体、承包农户、土地经营权人等各方主体参与“三权分置”改革的积极性、主动性，具有良好的示范引领意义。

三、突出服务保障农村集体经营性建设用地入市试点工作

农村集体经营性建设用地入市试点是党中央、国务院作出的重大决策，是我国土地制度的重大改革，事关农民切身利益，涉及各方面利益

重大调整。案例4蒋某某与某社区第一居民组侵害集体经济组织成员权益纠纷案，系一起因农村集体经营性建设用地入市收益分配引发的纠纷，人民法院依法撤销村集体作出的侵害农民权益的收益分配方案，切实维护了农民群众合法权益，有力保障了入市试点工作稳慎推进。

四、突出保护和促进现代农业发展

创新生产方式、交易模式，发展新型、智慧农业是农业现代化的必然要求。人民法院充分发挥审判职能作用，依法保障和促进现代农业发展。在案例5某农投公司与某种养殖合作社合伙协议纠纷案中，人民法院依法确认“公司+合作社+农户”的新型农产品生产经营合同有效，不予认可不当解除合同行为效力，有力保障了农业生产的正常开展，平等保护了各方当事人合法权益。案例6杜某某与全某某买卖合同纠纷案是一起因“买青山”的新型农产品交易模式引发的案件，人民法院依法保护诚信守约方，有力维护了农产品市场交易秩序。案例7卢某某与范某某财产损害赔偿纠纷案是一起因无人机喷洒农药引发的案件，人民法院牢牢把握无人机喷洒农药侵权行为的特征，根据当事人上报主管部门及时固定的相关证据，准确认定案件事实和因果关系，依法判决侵权方赔偿受害方损失，对引导广大农户增强法律意识，规范使用无人机技术，推动我国智慧农业健康发展具有十分积极的意义。

五、突出维护农资市场秩序

销售假冒伪劣农药、化肥等农资产品行为，严重危害农业生产，损害农民权益，必须依法采取坚决有力措施，防范和遏制此种坑农害农行为。在案例8王某某与某农资公司产品责任纠纷案中，人民法院在查明事实的基础上，判令不能提供农药来源及产品合格证据的销售者赔偿王某某损失，规范农资市场发展，充分体现了人民法院维护农民合法权益、护航农业生产的鲜明立场。

六、突出加强种业知识产权保护

“种优则粮丰，粮安则民安。”种子是农业的“芯片”，是农业发展的核心竞争力，加强种业知识产权保护在促进国家粮食安全和农业高质量发展中发挥着极其关键的作用。人民法院认真贯彻实施《中华人民共和国种子法》，切实加强种业知识产权司法保护。在案例9某马铃薯产业集团公司与唐某侵害植物新品种权纠纷案中，人民法院依法判令未经品种权人许可销售种子的行为人停止侵权及承担民事赔偿责任，维护了品种权人的知识产权，对规范种子市场秩序、促进种业创新具有重要意义。

涉农民事典型案例

目　录

案例 1

司法建议推动整治耕地“非农化”问题

——徐某某与邬某某租赁合同纠纷案

【基本案情】

邬某某系某村村民。2020 年 4 月，邬某某与徐某某签订了《场地租赁合同》，约定将位于该村某厂的 8 亩空场地回填后出租给徐某某用于堆放工程设备，租赁期限为五年。合同签订后，徐某某向邬某某支付了前两年租金 20 万余元，并将租用的 8 亩土地中的 4 亩实际堆放了建筑工程设备。2021 年 5 月，土地管理部门通知邬某某该堆放杂物的 4 亩土地属于耕地，其涉嫌非法占用耕地，责令其立即改正并恢复土地原状。邬某某遂要求徐某某将堆放的物品搬离案涉场地。2021 年 7 月，徐某某在完全腾退租赁场地后诉至法院，请求判令邬某某退还 2021 年 7 月 16 日至 2022 年 4 月 30 日期间的租金 82345.21 元并赔偿其搬迁损失 36800 元。

【裁判结果】

审理法院认为，因徐某某与邬某某签订的《场地租赁合同》约定租给徐某某用于堆放工程设备的土地中包含部分耕地，违反了《中华人民共和国土地管理法》关于农用地保护的相关规定，双方订立的《场地租赁合同》无效。在综合考量双方过错程度的基础上，法院判令邬某某退还徐某某剩余租期租金，赔偿徐某某相应搬迁损失。

本案审理过程中，审理法院经调查了解，发现辖区内类似违法占用耕地情况较多，由此引发的土地租赁合同纠纷也并非个案。于是，积极向土地管理等部门发送司法建议，促使土地管理部门、属地街道开展联合执法，集中整治了此类问题，使百余亩土地的“非农化”问题得到有效整改。

【典型意义】

十分珍惜、合理利用土地和切实保护耕地是我国的基本国策。耕地保护事关粮食安全、生态安全和社会稳定，坚守耕地保护红线不仅是各级政府的责任，也是司法机关义不容辞的任务。本案中，人民法院不仅通过宣告非法占用耕地的租赁合同无效，表明人民法院对非法占用耕地行为“零容忍”的态度和立场，而且坚持能动司法，积极延伸审判职能，依据办案中了解掌握的违法占用耕地情况，积极向有关部门发送司法建议，有力促进了当地百余亩耕地的“非农化”问题得到及时整改，实现了“办理一案、治理一片”的良好社会效果。

案例 2

村干部未经民主议定程序擅自以村委会名义对外发包土地合同无效

——某村民委员会与于某某土地承包经营权确认纠纷案

【基本案情】

2014 年 8 月 3 日，朱某某在任某村党支部书记期间，以某村民委员会名义与外村村民于某某签订《土地使用权流转合同》，约定将某村 50 亩土地流转给于某某经营，流转时间为 2014 年 10 月 20 日至 2025 年 10 月 20 日。流转费为每年每亩 400 元。且双方约定，若某村民委员会提前收回土地，按剩余种植年限以每年每亩 600 元的标准对于某某进行赔偿。

后双方实际履行合同，于某某将土地承包费全部支付给朱某某。朱某某离任后，某村民委员会以朱某某未经民主议定程序私自将村集体土地发包给外村村民于某某，侵害了村集体合法权益为由向人民法院提起诉讼，请求确认朱某某与于某某签订的《土地使用权流转合同》无效，并请求判令于某某返还其占有的村集体土地 50 亩。

【裁判结果】

审理法院认为，于某某非该村集体经济组织成员，朱某某未经法定的民主议定程序就以村民委员会名义向于某某发包村集体土地，亦未报当地政府批准，违反了《中华人民共和国农村土地承包法》的相关规定，故朱某某以某村民委员会名义与于某某签订的《土地使用权流转合同》无效。法院判决于某某向某村民委员会返还其占有的土地 50 亩，并按照公平原则，判令某村民委员会以每年每亩 400 元的标准向于某某返还合同剩余土地经营年限四年的承包费 80000 元及占用资金期间的利息。

【典型意义】

本案案涉土地系村民委员会经营、管理的农民集体所有土地。依据《中华人民共和国土地管理法》《中华人民共和国农村土地承包法》的相关规定，案涉农村土地发包给本集体经济组织以外的单位或者个人承包，应当事先经本集体经济组织成员的村民会议三分之二以上成员或者三分之二以上村民代表的同意，并报乡（镇）人民政府批准。本案中，人民法院依法认定未经法定民主议定程序将村集体土地发包给村集体经济组织成员以外个人的合同无效，对于规范村集体对外发包土地行为，切实维护村集体及其成员的合法权益，维护农村社会和谐稳定具有重要意义。

案例 3

土地征收后的青苗补偿费应由实际投入人获得

——周某某与某村民委员会土地承包经营权纠纷案

【基本案情】

2001 年 6 月，周某某与某村民委员会签订《土地承包协议书》，约定周某某承包村集体机动地 100 亩用于种植材林和农副产品经营，承包期限为三十年。周某某承包后投入资金打井办电、建设房屋，种植了树木和大田作物，直到 2017 年一直按时支付承包费。2017 年，根据当地规划建设需要，周某某承包的土地需进行植树造林。2018 年初，上述土地划入苗景兼用林建设区域内，当地政府按照一定标准进行了补偿。补偿费用包括土地收益金和一次性地上附着物补偿费。某村民委员会收到案涉土地收益金及一次性青苗补偿费后，一直未向周某某给付相关青苗补偿费。周某某诉至法院，请求某村民委员会给付其土地收益金及青苗补偿费共计 53.46 万元。

【裁判结果】

审理法院认为，周某某与某村民委员会签订的《土地承包协议书》合法有效，周某某按照约定履行了承包合同，按时支付承包费，也种植了作物，无违约行为。按照政策规定，案涉土地征用的土地收益金归原承包户所有，因土地被征用所产生的青苗补偿费 15 万元依法应归实际投入者周某某所有。因周某某并非案涉土地的原始承包户，其无权获得土地收益金。法院判决某村民委员会返还周某某青苗补偿费 15 万元。

【典型意义】

本案是一起因征用土地引发的青苗补偿费归属纠纷。根据相关法律、政策规定，农村土地被征用的，青苗补偿费应归实际使用土地进行生产经营的承包人所有，包括来自本集体经济组织的承包人，也包括集体经济组织成员之外的其他承包经营村集体土地的人员。本案裁判依法判令某村民委员会返还周某某青苗补偿费 15 万元，不仅及时有效维护了承包经营权人的合法权益，而且对于类似纠纷的积极防范、妥善化解具有典型示范意义，有利于保障当地农村规划建设工作顺利推进。

案例 4

侵害集体经济组织成员合法权益的收益分配方案应当依法撤销

——蒋某某与某社区第一居民组侵害集体经济组织成员权益纠纷案

【基本案情】

某地是实施农村集体经营性建设用地入市改革试点地区。当地某社区第一居民组所有的一块农村集体经营性建设用地被纳入入市试点范围。该地块最终采取出让方式入市交易，土地用途为工业用地，出让年限为四十年，入市价格为 12.07 万元/亩（其中，土地流转补偿费、青苗及地上附着物补偿费 6.6 万元/亩，土地开发成本费、集体收益部分 5.47 万元/亩），确认航拍测绘面积 136.82 亩，获得入市收益 1651.42 万元。

2020 年 8 月，某社区第一居民组对入市收益中的青苗及地上附着物补偿费、土地流转补偿费制订分配方案如下：可纳入分配的费用为青苗及地上附着物补偿费、土地流转补偿费（6.6 万元/亩），以户为单位，按照每户现场实际测量的承包地面积进行计算；全体承包农户现场测量的承包地面积共计 198.97 亩，需分配的资金为 1313.2 万元。

原告蒋某某及其父母均系某社区第一居民组集体经济组织成员，但在某社区第一居民组均没有承包地。原告蒋某某认为某社区第一居民组制订的收益分配方案严重侵害其合法权益，遂提起诉讼，请求法院判决撤销某社区第一居民组于2020年8月作出的收益分配方案。

【裁判结果】

审理法院认为，《中华人民共和国物权法》第六十三条第二款规定，集体经济组织、村民委员会或者其负责人作出的决定侵害集体成员合法权益的，受侵害的集体成员可以请求人民法院予以撤销。本案中，某社区第一居民组制订的分配方案，以全体承包农户现场测量土地面积198.97亩为基数，按照6.6万元/亩的入市交易价格标准向承包农户分配青苗及地上附着物补偿费、土地流转补偿费，合计需要费用1313.2万元，而此次入市按照航拍面积136.82亩，实际获得的青苗及地上附着物补偿费、土地流转补偿费为903.01万元（6.6万元/亩×136.82亩）。依照某社区第一居民组制订的分配方案分配青苗及地上附着物补偿费、土地流转补偿费，大量占用了属于全体集体经济组织成员共同所有的土地开发成本费、集体收益部分等入市收益，必然导致包括蒋某某在内的少数没有承包地或者承包地面积较少的集体经济组织成员在另行分配集体收益时可分得的收益减少，直接损害了包括蒋某某在内的少数没有承包地或者承包地面积较少的集体经济组织成员的合法权益，故该分配方案不应作为收益分配的依据。法院依法判决撤销了某社区第一居民组作出的收益分配方案。

【典型意义】

农村集体经营性建设用地入市改革试点是党中央、国务院作出的深化农村土地制度改革的重大决策，而入市收益分配作为农村集体经营性建设用地入市改革试点工作的关键末梢，直接关乎农民能否公正、公平享有农村土地制度改革红利。农村集体经济组织虽然享有自行分配集体收益的权利，但所形成的分配集体收益的决议必须符合法律和国家政策规定，不得侵害集体经济组织成员的合法权益。本案中，人民法院依法对虽经民主议定程序作出但侵害集体经济组织成员合法权益的收益分配方案予以撤销，及时有效维护了少数无承包地以及承包地较少的集体经济组织成员的合法权益。本案裁判对于规范农村集体经济组织依法行使自治权分配集体收益具有重要指导意义，也有利于农村集体经营性建设用地入市改革试点工作的顺利推进，充分体现了人民法院为深化农村土地制度改革提供司法服务和保障的职能作用。

案例 5

合作方不当解除农业生产合作协议的，人民法院不予支持

——某农投公司与某种养殖合作社合伙协议纠纷案

【基本案情】

2016 年 12 月，某农投公司与某种养殖合作社达成《某农业产业带建设项目山药种植合作协议》，约定以股份合作制模式，按照投入比例进行利润分配和承担相应经营风险，在某路沿线种植山药约 100 亩，合作期限为两年，至 2018 年度山药种植生产销售完毕止。

双方第一年合作投入耕种并销售后，某农投公司于 2018 年 8 月以双方均未按合同约定进行投资、均未将山药销售款汇入共管账户、山药采收产量未达到合同约定的保产量等为由向某种养殖合作社发送了《解除合作协议的函》。某种养殖合作社收到该函后不同意终止合作，要求某农投公司及时履行 2018 年投资义务，以解决农民工资及合作社为其垫付的投资费用，并要求某农投公司积极协作将 2018 年已种植的山药及时采挖销售。后因某农投公司未投资，某种养殖合作社无资金，栽种的山药未能采收销售。另就 2017 年减产情况，当地农业部门出具了因山药长势旺盛期降雨频繁致病导致减产减收情况说明。最终双方对合作事宜未协商一致，某农投公司起诉请求判决确认合同已解除，某种养殖合作社返还

2017年投资收益，并将机械设备交还。某种养殖合作社反诉请求判决某农投公司补足2018年合作社为其垫付的投资款等。

【裁判结果】

审理法院认为，双方签订《某农业产业带建设项目山药种植合作协议》后，均应秉承诚信原则积极履行，以最终实现合同目的。特别是某种养殖合作社在2018年已进行大量投入只剩最后收获的情况下，双方应有效协商沟通，尽可能减少合作损失，而不是任由已成熟的山药因未及时采收完全失去经济价值，放任损失进一步扩大。本案中，某农投公司2018年8月所发函件不符合法定或双方约定解除情形。未按约定进行投资、未将销售款打入共管账户是双方均存在的行为，应视为双方以实际行为对合同进行了变更，不能成为某农投公司解除合同的理由。某农投公司不愿继续合作亦应及时提出，以便某种养殖合作社考虑是否继续耕种，及时止损等。某农投公司对某种养殖合作社继续推进流转土地、栽种山药未及时提出异议，在某种养殖合作社继续进行了大量投入之后才发函告知合作社要解除合作。某农投公司的行为有违契约精神，其诉请不应支持。法院判决驳回了某农资公司全部诉请，支持了某种养殖合作社要求某农投公司补足投资款的诉请。

【典型意义】

随着农业生产的规模化发展，“公司+合作社+农户”的生产模式已较为普遍，此模式有利于提高农业生产效益，促进农民增收致富。但是，发生矛盾纠纷后，合作社、农户一方往往处于弱势地位，需要司法予以关注和保护。本案裁判对某农投公司不当发函解除合同的行为作出否定性评价，对其返还投资收益的诉请不予支持，依法保护了某种养殖合作社及农户的合法权益，有效防止了农业生产合作中损失的进一步扩大，充分体现了司法对农业生产应当秉承节约、避免浪费的评价、指引功能，对农业产业化发展的服务、保障功能。

案例 6

依法确认“买青山”合同效力，维护农产品市场交易秩序
——杜某某与全某某买卖合同纠纷案

【基本案情】

2021 年 11 月 30 日，杜某某求购全某某所种植的尚在生长期内的萝卜，双方协商后达成“买青山”合意，并签订《蔬菜买卖合同》作出如下约定：全某某将其种植的 39.5 亩白萝卜以每亩人民币 9200 元价格卖给杜某某，杜某某在签订合同时支付定金 180000 元，在接收第二车萝卜期内结清货款；签订合同之日起，全某某要负责管理好合同对应范围内的白萝卜，保证萝卜没有受到病虫害的影响；杜某某收获白萝卜时，若发现全某某没有做好白萝卜生长期内的病虫害防治工作，则有权终止合同，并要求全某某赔偿杜某某双倍损失；杜某某在收获白萝卜时，若发现白萝卜虫眼或灰霉点超过 10%，则有权终止合同并要求全某某退回合同内未收获面积对应货款；杜某某在 2022 年 1 月 22 日前必须拔扯完在全某某处购买的本次萝卜，如未拔扯完，算杜某某自愿放弃。

案涉萝卜种植于 2021 年 9 月 22 日至 2021 年 9 月 24 日之间，生长期通常情形下为三个月左右。自 2021 年 12 月 7 日起，全某某多次通知杜某某接收萝卜，杜某某予以拒绝。2022 年 1 月 11 日之前，杜某某在与全某某的微信聊天中认可案涉萝卜是“好萝卜”，称未接收萝卜是因为运送萝卜的冷藏车因道路原因进不了装运萝卜的场地。2022 年 1 月 15 日之后，杜某某称在案涉萝卜中发现灰霉点，电话通知全某某解除案涉合同并要求退还已付款。后双方诉至法院，杜某某请求确认合同于 2022 年 1 月 15 日解除，全某某返还已给付的定金及预付款 182000 元，全某某反诉请求杜某某支付剩余款项。

【裁判结果】

审理法院认为，案涉双方虽约定了解除合同的相关情形，但当事人双方未能就约定解除情形中“灰霉点”的定义达成一致，而原告方杜某某未能证明萝卜存在合同约定的“灰霉点”或者其他病虫害情形，亦未证明双方协商一致同意解除案涉合同，故对其请求人民法院判决确认案涉《蔬菜买卖合同》已于2022年1月15日解除，全某某返还已给付的定金及预付款182000元的诉讼请求不予支持。按双方合同约定，全某某已履行了交付萝卜的合同义务，杜某某拒不接收案涉萝卜构成违约，应由杜某某承担案涉萝卜毁损、灭失的风险。法院判决杜某某支付全某某剩余萝卜款138324元并驳回了杜某某的诉讼请求。

【典型意义】

近年来，一种名为“买青山”的新型农产品交易模式逐渐兴起，即农户将土地上尚未成熟的农产品提前出售给收购方，由农户继续履行管护义务，待农产品成熟后再交予收购方。此种交易模式有效解决了种植户与收购方之间因农产品保质期较短造成的购销两难问题，进一步激发了农产品交易的市场活力，对于盘活农业资源、增加农民收入、促进生产要素合理流动，构建新型农业经营体系发展格局具有积极意义。实践中，由于该种交易模式下合同的订立时间可为农作物生长周期内的任一节点，合同价格不因农作物产量变化而改变，也不随市场价格波动而调整，种植农户与收购方订立的买卖合同通常也不够规范，一旦出现价格波动、严重减产等情况，买卖双方极易发生纠纷。本案判决对于处理“买青山”农产品交易模式案件具有示范意义，对于保护农产品交易市场稳定，维护农民合法权益具有积极作用。同时，人民法院坚持能动司法，积极延伸审判职能，向辖区农民推荐使用标准化示范合同文本，为“买青山”交易模式填漏洞降风险，规范辖区农产品交易市场秩序，保障辖区农产品交易市场健康发展，起到了十分重要的作用。

案例 7

使用无人机喷洒农药造成相邻地块农作物受损的应承担赔偿责任

——卢某某与范某某财产损害赔偿纠纷案

【基本案情】

2021 年 4 月，农业种植户范某某在卢某某的橘园北侧水稻田采用无人植保飞机喷雾除草剂作业。由于飞行高度、风向等原因，飞机喷药时发生药液漂移，造成卢某某农作物受损。根据卢某某提交行业主管部门对本次事故情况及损失提出的鉴定意见，以及某县农业农村局调查人的询问笔录等证据，可以认定受损作物约 5 亩橘树、2 亩套种花菜，其中 5 亩橘树包含甜橘柚 4 亩，“红美人” 1 亩，范某某造成卢某某直接的柑橘经济损失为 9600 元、花菜经济损失为 12000 元，共计 21600 元。卢某某认为范某某的操作不当造成其经济损失，应承担赔偿责任，故诉至法院。

【裁判结果】

审理法院认为，农业种植者在采取无人机喷洒农药前，应当对相邻土地种植情况予以了解，并采取必要的防护措施。同时，农业机械使用者一定要严格遵守操作规则，充分考虑天气、风向等综合因素。因过错侵害他人民事权益造成损害的，应当承担侵权责任。本案现有证据能够证明范某某在通过无人机喷洒除草剂过程中因过错致卢某某的农作物受损，故其应承担赔偿责任。法院判决范某某赔偿卢某某财产损失 21600 元。

【典型意义】

随着我国智慧农业的发展，无人机技术开始应用于农田测绘、农药喷洒、施肥播种，为农民减少了体力劳动和耕种成本，提高了种植效率。但因无人机的管理及使用不规范，也引发了许多新类型涉农侵权纠纷，相关案件审理往往存在证据采集不规范、案件事实难查明、侵权主体不明确、因果关系难确定等问题。本案中，人民法院根据侵害发生时当事人上报当地行业主管部门所及时固定的关于侵权主体、因果关系、损失情况等方面的证据，对侵权事实作出认定，判决侵权人承担损害赔偿责任，既有力维护了受侵害农户的合法权益，也有利于引导广大农户增强法律意识，从源头上防范和减少此类纠纷。同时，还有利于促进政府在无人机喷洒农药领域加强监管，对提升农村基层社会治理水平，助力农业高质量发展具有重要意义。

案例 8

销售假冒伪劣农药的商家应依法承担损害赔偿责任
——王某某与某农资公司产品责任纠纷案

【基本案情】

2018 年，王某某在某村种植（机采）棉花地 160 亩，同年 9 月 16 日、23 日、26 日王某某在某农资公司处购买了乙烯利及“叶落棉白”的棉花专业催熟剂。王某某喷施后，棉花出现叶片干枯和棉铃发黑、干枯的现象，导致其 2018 年种植的 160 亩棉花地减产籽棉 10080 千克。王某某向某农资公司反映未果，遂向县农业综合执法大队报案，并委托有关鉴定机构对棉花出现状况的原因及造成的损失进行鉴定。经鉴定，棉花减产 10080 千克确系受到药害造成。王某某向法院起诉，要求某农资公司赔偿棉花减产损失 86608 元。

【裁判结果】

审理法院认为，《中华人民共和国产品质量法》第三十九条规定：

"销售者销售产品，不得掺杂、掺假，不得以假充真、以次充好，不得以不合格产品冒充合格产品。"本案中，某农资公司销售的产品标明系外地某生物科技公司生产的"叶落棉白"，但某生物科技公司在声明中确认，该公司从未生产过任何型号的棉花专用催熟剂产品。某农资公司不能提供"叶落棉白"的来源，无法提供营销台账，也未能提供其销售的"叶落棉白"属于合格产品的证据，应对王某某的损失承担赔偿责任。法院依据司法鉴定意见及向相关部门调取的棉花价格标准判决某农资公司赔偿王某某棉花减产损失 68324.2 元。

【典型意义】

销售假冒伪劣农药、化肥等农资产品，严重危害农业生产，损害农民权益，相关生产销售单位应当依法承担赔偿责任。本案判决判令不能提供农药"叶落棉白"来源及产品合格证据的某农资公司赔偿种植户王某某棉花减产损失，有力维护了农业生产者的合法权益，彰显了人民法院护航农业生产的立场和职责。对于防范和遏制制售假冒农资坑农害农行为，规范农资市场经营秩序，具有示范指导意义。

案例 9

未经品种权人许可销售种子应依法承担赔偿责任
——某马铃薯产业集团公司与唐某侵害植物新品种权纠纷案

【基本案情】

2019 年 1 月 31 日，某马铃薯产业集团公司"某某 6 号"马铃薯品种被授予植物新品种权，品种权号为 CNA××××.9。唐某在无任何合法经营手续以及品种权人许可的情况下，擅自以"某某 6 号"马铃薯品种的名义销售马铃薯种子，某马铃薯产业集团公司发现后，向当地公安局举报，公安局将唐某销售的马铃薯种子进行查封保存并送至专业机构进行抽样检测，检测报告显示该样品与“某某 6 号”为同一品种。某马铃薯产业集团公司以唐某侵犯其植物新品种权为由诉至法院，请求判令唐某承担侵权责任。

【裁判结果】

审理法院认为，某马铃薯产业集团公司研发的马铃薯种子属于受法律保护的植物新品种，依法享有品种权的处分、收益等权益。唐某未经品种权人许可销售案涉马铃薯种子并获利，侵犯了某马铃薯产业集团公司的植物新品种权并造成马铃薯产业集团公司损失，应予赔偿。法院判决唐某立即停止销售侵权马铃薯种子，赔偿某马铃薯产业集团公司经济损失 6 万元。

【典型意义】

种子是农业的“芯片”，加强种业知识产权保护是推进种业振兴、农业现代化的重要环节，在促进国家粮食安全和农业高质量发展中发挥着极其关键的作用。唐某未经品种权人许可销售马铃薯种子，侵犯了某马铃薯产业集团公司案涉植物新品种权，依法应当停止侵权并承担民事赔偿责任。本案裁判有力维护了品种权人的知识产权，为种子销售商合法经营提供了规则指引，对规范种子市场秩序、促进种业创新具有重要意义。

【地方法院案件解析】

人民法院在预付式消费纠纷诉前程序中发现消费者与电子商务平台经营者对于退还预付款金额没有争议的，可以依职权主动适用督促程序

——陈某达与厦门住店圈网络科技有限公司支付令审查案

杨　静*　肖安定**

【裁判要旨】

预付式消费纠纷中，消费者起诉主张电子商务平台经营者退还已收取的预付款，人民法院在诉前程序中发现消费者与电子商务平台经营者对于退还预付款金额没有争议，双方债权债务关系明确、合法，符合督促程序适用条件的，可以依职权主动适用督促程序，依法向电子商务平台经营者发出支付令。

【相关法条】

《中华人民共和国民事诉讼法》（2021 年修正）第一百三十六条、第二百二十一条、第二百二十三条

* 作者单位：福建省高级人民法院民事审判第一庭。
** 作者单位：福建省厦门市湖里区人民法院简易案件审判庭。

【案件索引】

福建省厦门市湖里区人民法院（2023）闽 0206 民督 402 号（2023 年 4 月 24 日）

【基本案情】

陈某达于 2023 年 4 月 12 日向福建省厦门市湖里区人民法院提交起诉材料。陈某达称，其在厦门住店圈网络科技有限公司（以下简称住店圈公司）经营的住店圈微信小程序上购买了总价值 5895 元的酒店消费券，按照双方购买协议约定，该消费券可以在与住店圈公司合作的商家使用，并享受未使用安心退的服务承诺。陈某达至今未使用上述消费券，因住店圈公司内部经营问题，与其合作的商家拒绝为陈某达供服务，陈某达申请退款未果，故诉至法院，请求判令住店圈公司退还陈某达预付款 5895 元。

【审查结果】

本案中，陈某达起诉主张住店圈公司退还预付款，福建省厦门市湖里区人民法院组织双方进行诉前调解并核实证据，住店圈公司通过该公司后台数据核实后对陈某达主张的退款金额没有异议，明确告知法院陈某达的诉求符合该公司退款规定，但因公司经营问题，无法提供确切的退款时间。福建省厦门市湖里区人民法院经审查认为，陈某达与住店圈公司对于退还预付款金额没有争议，双方债权债务关系明确、合法，本案符合督促程序适用条件，依法按督促程序处理。依照《中华人民共和国民事诉讼法》第一百三十六条、第二百二十一条、第二百二十三条规定，特发出如下支付令：住店圈公司应当自收到本支付令之日起十五日内，退还陈某达预付款 5895 元。住店圈公司在收到支付令十五日内未向法院提出书面异议，该支付令已发生法律效力。

【案例解析】

本案系消费者在电子商务平台支付预付款购买消费券后，因电子商务平台经营者自身原因致使消费者无法使用消费券，消费者申请退款未果后起诉电子商务平台经营者请求退还预付款的预付式消费纠纷。2023年3月以来，福建省厦门市湖里区人民法院陆续受理了40余起消费者起诉电子商务平台经营者住店圈公司要求退还消费券预付款的预付式消费纠纷系列案。福建省厦门市湖里区人民法院在诉前调解中发现，该系列案系因住店圈公司自身经营出现问题，未及时与合作商家结算合作款，导致与住店圈公司合作的商家拒绝为持有消费券的消费者提供服务而引发的纠纷。在该系列案中，有的消费者认为，住店圈公司构成消费欺诈，要求“退一赔三”；有的消费者认为，因消费券不能使用造成原服务价与现服务价之间的差价损失，要求退还预付款并赔偿损失；还有的消费者如本案陈某达仅要求退还预付款。针对上述不同情形，福建省厦门市湖里区人民法院分别进行相应处理。对消费者有多个诉求、双方当事人争议较大的，依法进行审理，先行判决7件，确定了裁判标准。通过裁判的示范作用，引导双方当事人诉前调解后进行司法确认9件，诉讼中调解18件。对于包括本案在内的5件案件，因消费者仅主张退还预付款，双方无其他争议，事实清楚，双方权利义务关系明确，住店圈公司对消费者主张退还的预付款金额经核实后并无异议，但双方对退款时间无法达成一致意见，法院组织双方调解未果。在此情况下，若该5件案件进入诉讼程序审理，既没有必要，也不符合诉讼经济和诉讼效率的要求。为减少当事人的诉累，避免浪费司法资源，高效解决纠纷，福建省厦门市湖里区人民法院经审查后依法将陈某达等5件案件适用督促程序处理。

（一）本案能否适用督促程序

督促程序是针对债权人请求债务人给付一定数量的金钱、有价证券且双方无其他债务纠纷、支付令能够送达债务人的案件，人民法院不经过开庭审理直接向债务人发出支付令，督促债务人履行一定给付义务的一种非诉程序。民事诉讼法第二百二十一条规定："债权人请求债务人给付金钱、有价证券，符合下列条件的，可以向有管辖权的基层人民法院申请支付令：（一）债权人与债务人没有其他债务纠纷的；（二）支付令能够送达债务人的。申请书应当写明请求给付金钱或者有价证券的数量和所根据的事实、证据。"如果债务人未在规定的期间内提出异议，该支付令即取得与生效判决同等的法律效力，债权人可根据支付令向人民法院申请强制执行。督促程序独立于普通程序、简易程序等之外，设立督促程序的目的是使当事人之间没有争议的以给付一定金钱、有价证券为标的并且已经到期的债权能够及时实现，实践中督促程序通常由申请人向法院申请支付令而启动。本案中，消费者仅要求退还消费券预付款，案件事实清楚，经营者对消费者主张的退还预付款金额也无异议，没有必要通过诉讼程序处理。解决此类纠纷，督促程序显然是较为简便快捷的方式。但法院遇到的问题是，当事人已按照一审诉讼程序向法院递交了起诉状，并未向法院申请支付令，那么法院在诉前调解阶段能否依职权主动适用督促程序？应否要求当事人另行提交支付令申请材料？

民事诉讼法第一百三十六条规定："人民法院对受理的案件，分别情形，予以处理：（一）当事人没有争议，符合督促程序规定条件的，可以转入督促程序；……（三）根据案件情况，确定适用简易程序或者普通程序；……"从法条逻辑结构及内容看，该条规定在第一审普通程序"起诉和受理"之后的"审理前的准备"中，条文中并列规定"可以转入督促程序"与"确定适用简易程序或者普通程序"，表明人民法院在审前程序中将符合督促程序规定条件的诉讼案件转入督促程序与根据案件情况确定适用简易程序或普通程序同属人民法院依职权主动审查处理的范围，且法律及相关司法解释未规定人民法院在转入督促程序时应当征得当事人同意。根据民事诉讼法第一百三十六条的规定，结合设立督促程序的目的和功能，可以理解为人民法院在诉前调解阶段对符合督促程序规定条件的纠纷亦可以依职权主动适用督促程序，对于已经提交起诉材料的当事人是否另行提交支付令申请材料并不影响督促程序的适用。

为避免当事人不理解，提升司法公信力和认同度，在适用或转入督促程序前可以向当事人进行告知并释明。基于此，福建省厦门市湖里区人民法院在向陈某达告知并释明后即依职权主动将本案适用督促程序处理，未要求陈某达另行提交支付令申请材料。陈某达对本案适用督促程序表示认可。

（二）督促程序对于解决预付式消费纠纷具有积极作用

预付式消费一般是指在零售、住宿、餐饮、健身、教育培训等领域中，消费者向经营者预先支付预付款后再按次或按期获得经营者提供的商品或者服务的消费形式。预付式消费中经营者通常给予消费者一定优惠，是一种互利双赢的消费形式。但近年来由于市场竞争激烈、监管漏洞等因素，退费难、商家跑路等问题突出，预付式消费成为侵害消费者合法权益的“重灾区”。消费者诉至法院要求经营者退还预付款、赔偿损失等预付式消费纠纷频发。督促程序作为一种快速、低成本的司法解纷程序在化解预付式消费纠纷中具有明显的成本和效率优势。

首先，督促程序为消费者提供了低成本、高效率的司法维权方式。预付式消费金额一般较小，而普通的诉讼程序维权成本相对于预付款金额而言往往更高。很多消费者由于诉讼维权成本高，怀着自认倒霉的心理，不愿意通过诉讼方式维权。而向有关部门投诉或请求行政调解等维权措施由于缺乏强制性，难以对商家形成威慑力，一定程度上助长了一些不良商家恶意违约的侥幸心理。根据《诉讼费用交纳办法》规定，依法申请支付令的，比照财产案件受理费标准的 1/3 交纳，诉讼费用成本更低。而且，督促程序主要通过书面审查，不需要开庭审理，符合广大消费者对解决纠纷程序省时省力的司法需求，具有明显优势。

其次，督促程序更有利于预付式消费纠纷系列案的快速处理。预付式消费中，经营者为提前锁定消费者和客源，一般会通过优惠措施，吸引大量客户，达到“以量换价”的目的，一旦发生矛盾，易引发群体性纠纷。消费者往往会通过建立微信群等方式“抱团维权”。当矛盾无法及时化解时，纠纷便会以群体方式涌入法院，形成系列案。有的消费者除要求退还预付款外，还会提出“退一赔三”、赔偿损失等诉求，增加了案件审理的难度。通过对系列案中典型案件的审理，树立裁判规则，可以对符合裁判规则的群体性预付式消费纠纷以批量签发支付令的方式，快速精准解纷。

最后，督促程序符合互联网时代人民法院能动司法的要求。预付式消费纠纷中，很多经营者收取预付款时不与消费者签订合同，也不发卡，只用手机号码进行登记。消费者通过手机 App、微信小程序进行线上预付式消费和交易结算，消费数据存储于商家平台上。平台经营者掌握着消费者消费数据，但消费者要完成规范的起诉状起草和证据收集既费时又费力。法院在通过先例裁判掌握案件事实的基础上依职权主动采取调查取证措施，要求平台经营者批量提供消费数据，并引导消费者通过填写申请表格的方式完成支付令申请。一些法院还通过电子支付令平台建设，让消费者通过在线方式申请电子支付令，通过在线方式维护自身权利，有力遏制不法商家在收取预付款后恶意“跑路”现象的发生，从根源上减少预付式消费纠纷产生。

（三）加强预付式消费纠纷中督促程序的主动适用

自 1991 年我国民事诉讼法规定了督促程序以来，司法实践中适用督促程序的比例较低。根据中国裁判文书网数据显示，近三年法院的督促程序文书数量占比仅在 0.2%左右。督促程序适用率不高、程序空转，存在债权人、债务人及法院等多方面原因。对于债权人来说，督促程序虽简便快捷但缺乏配套保障制度设计。根据司法解释规定，债权人向人民法院申请支付令不能同时申请诉前财产保全、不得调解。有的债务人收到支付令后甚至立即转移财产，一旦督促程序因债务人异议而终结，债权人在此阶段付出的时间、精力、费用等成本空耗，其快速高效解决纠纷的初衷将落空。当无法向债务人送达支付令或者债务人提出实质异议而导致支付令失效时，支付令申请费将由债权人承担，且支付令失效后转入诉讼程序的，债权人还应当按照《诉讼费用交纳办法》补交案件受理费。对于债务人来说，其在调解（含司法确认）中潜在利益空间比督促程序更大。督促程序申请费为诉讼费案件标准的三分之一，申请费标准与调解结案的案件诉讼费减半收取相比而言不具备明显的费用优势。在大力加强多元解纷背景下，法院积极通过诉前委派调解加司法确认模式化解纠纷，债务人可以在调解中获得一定债务减免与延长履行期限方面的利益。司法确认案件还可以免交诉讼费。司法实践中存在一些被申请人为了与申请人调解而提出异议并阻止支付令生效的情形。对于法院来说，相对于诉讼程序中法院投入大量司法资源组织庭审或询问，支付令通过书面审查即可，无须当事人、代理人直接到庭，法官较难发现虚假诉讼案件。根据民事诉讼法司法解释相关规定，对于适用督促程序的案件，不得提起第三人撤销之诉，也不得申请再审。支付令如确有错误，只能由人民法院院长提交本院审判委员会讨论决定后裁定撤销支付令。一旦发生虚假诉讼，利益受到损害的当事人或案外人救济措施有限，部分法官适用督促程序存在顾虑，主动适用督促程序的意愿不强。

为充分发挥督促程序简便快捷、快速解纷作用，笔者认为可以结合诉前多元解纷举措与审前准备程序，畅通督促程序与诉讼程序的衔接转换，加强预付式消费纠纷中督促程序适用。一是在支付令审查签发阶段，针对预付式消费纠纷群体性特点，通过诉前调解、先例裁判等方式掌握纠纷情况并确定裁判规则，对后续诉至法院的系列纠纷引导债权人合理主张诉求并充分举证，对符合督促程序适用条件的根据民事诉讼法第一百三十六条规定向债务人发送支付令。二是在支付令异议审查阶段，法院向债务人送达申请书（或起诉状）、证据材料及支付令后，如债务人未在异议期内提交书面的实质性异议，则支付令发生法律效力，以此倒逼债务人在异议期内及时答辩、举证并明确争议是否进入诉讼程序。三是在程序转换阶段，如债务人在督促程序中对债务本身没有异议，只是提出缺乏清偿能力、延缓债务清偿期限、变更债务清偿方式等异议的，不影响支付令的效力。对于已经进入诉讼的无争议的预付式消费纠纷，依法转入督促程序，以支付令方式分流无争议案件，减轻群体性预付式消费纠纷给基层法院带来的办案压力。

（四）完善预付式消费纠纷适用督促程序配套机制

法院在预付式消费纠纷中依职权主动适用督促程序，有利于分流无争议案件，促进债权人快速实现权利，弥补诉讼程序易被拖延的弊端，同时有利于合理配置司法资源，减轻当前案多人少压力，是值得进一步探索的司法路径。建议创新完善预付式消费纠纷中适用督促程序的配套机制，多方联动，共促解纷，切实推动预付式消费市场健康发展。

一是完善电子支付令平台建设。推进智慧法院与督促程序的深度融合，推动电子督促程序适用。利用合同约定的电子送达方式或者“失联修复”技术获取被申请人手机号码、电子邮箱等实现电子送达，建设包含支付令申请、受理、审查、签发与异议反馈等功能的在线要素式、集约化、全流程处理平台，切实为支付令提速增效。

二是发挥绩效考核“指挥棒”作用。督促程序案件作为非诉案件，不计入一审民商事案件基数。发挥万人成讼率指标考核作用，完善诉前适用督促程序和诉讼中转入督促程序案件的工作考核机制。优化执法办案、指导调解、诉源治理等工作考核指标，增加诉源治理、诉前调解等权重系数，提高基层法院主动适用督促程序的积极性，推动督促程序适用。

三是防范和惩治督促程序中的虚假诉讼。必要时主动采取调查措施，对伪造证据、恶意串通、捏造债权债务关系、妨害司法秩序、侵害他人利益的申请人或被申请人，依法采取司法罚款、拘留等措施，涉嫌犯罪的，及时将有关材料移送公安机关。

四是加强预付式消费行政监管力度。推动行政监管部门加强经营者进行预付式经营的信息备案，方便预付式消费纠纷发生后消费者查询备案信息并向法院申请支付令。对经营者收取的预付款数额超过法律、行政法规或者部门规章规定上限的，加大行政处罚力度，防范因经营者“跑路”而给消费者造成巨大损失、影响社会和谐稳定的风险隐患。

设立有限合伙归集资金对外出借情形下借款合同的效力认定

——某有限合伙诉某置业公司、某地产公司等民间借贷纠纷案

陈碧玉* 周 扬**

【裁判要旨】

1. 在执行事务合伙人的操控下，以对外出借资金为目的设立有限合伙，有限合伙的出资人以出资方式进行债权投资收取固定收益，有限合伙将自出资人处归集的资金对外出借，构成“以向公众非法吸收存款等方式取得的资金转贷”，应当认定借款合同无效。

2. 出借人或其关联主体以咨询费、服务费等名目，按照固定利率收取的相关费用，若与其提供的相应服务不具有质价相当性，应认定相关费用为借款实际支出的融资成本，统一核算为利息。

【相关法条】

1.《最高人民法院关于审理民间借贷案件适用法律若干问题的规定》（2020年第二次修正）第十三条、第二十九条

2.《中华人民共和国民法典》第一百五十七条

---

* 北京市第二中级人民法院民事审判第三庭法官。

** 北京市房山区人民法院民事审判第一庭法官。

【基本案情】

上诉人（原审被告）：某置业公司。

被上诉人（原审原告）：某有限合伙。

被上诉人（原审被告）：某地产公司、某房地产开发公司、易某。

被上诉人（原审第三人）：某咨询公司。

原审被告：某建设公司。

2019年8月，某咨询公司为了向某置业公司出借资金，与某置业公司的集团公司签订合作框架协议书，约定某咨询公司为前述集团公司指定的项目公司介绍资金，由某咨询公司作为执行事务合伙人和投资人共同成立有限合伙，投资人将资金归集到有限合伙，由有限合伙向具体的项目公司出借资金。借款年利率约定为4.8%，但同时借款人需向某咨询公司按照年利率19.2%支付咨询服务费。有限合伙的投资人按照年利率4.32%收取固定利息回报。

前述合作框架协议书签订后，在具体履行过程中，为向某置业公司出借资金，某咨询公司共牵头设立三个有限合伙。除本案有限合伙外，其他有限合伙数次出借资金，某置业公司均如约清偿，未进入诉讼。进入诉讼的本案中某有限合伙与某置业公司共签署四份借款合同，具体情况如下：

第一份300万元的借款合同：2019年11月26日出借300万元。

第二份1000万元的借款合同：2020年4月23日出借245万元、2020年4月24日出借110万元、2020年5月9日出借100万元、2020年5月11日出借150万元、2020年5月15日出借100万元、2020年5月22日出借295万元。

第三份2000万元的借款合同：2020年5月22日出借5万元、2020年7月10日出借90万元、2020年7月22日出借150万元、2020年10月19日出借245万元、2020年10月20日出借110万元、2020年11月4日出借250万元、2020年11月6日出借150万元、2020年11月10日出借

100 万元、2020 年 11 月 17 日出借 400 万元、2020 年 11 月 18 日出借 150 万元、2021 年 1 月 5 日出借 90 万元、2021 年 1 月 15 日出借 150 万元、2021 年 2 月 2 日出借 110 万元。

前述三份合同项下的借款本息、咨询费均按照约定履行完毕。

第四份 5000 万元的借款合同：2021 年 2 月 2 日出借 45 万元，2021 年 2 月 4 日出借 100 万元，2021 年 4 月 16 日出借 443 万元，2021 年 4 月 30 日出借 500 万元、120 万元，2021 年 5 月 14 日出借 550 万元，2021 年 6 月 23 日出借 250 万元，2021 年 7 月 14 日出借 80 万元、200 万元，2021 年 7 月 30 日出借 155 万元，2021 年 8 月 3 日出借 100 万元，2021 年 10 月 12 日出借 443 万元，2021 年 10 月 26 日出借 470 万元，2021 年 12 月 15 日出借 250 万元，2022 年 1 月 6 日出借 280 万元。

第四份合同项下实际出借 3986 万元，若按照约定的利息及咨询费标准核算，尚欠借款本金 1343 万元及相应利息、咨询费未按照约定清偿。

故某有限合伙起诉主债务人某置业公司及相关担保方，要求主债务人及担保方偿还 1343 万元本金，并要求按照日万分之五的标准向其支付滞纳金，按未还本金数额的 20%向其支付违约金。

一审法院按照借款合同有效作出判决，对 1343 万本金以及一年期贷款市场报价利率四倍为限的滞纳金和违约金予以支持；同时判决各担保方承担相应的一般保证或者连带保证责任。

【裁判结果】

北京市东城区人民法院于 2022 年 11 月 29 日作出（2022）京 0101 民初 10677 号民事判决：一、某置业公司向某有限合伙偿还借款本金 1343 万元；二、某置业公司向某有限合伙支付逾期利息（以 343 万元为基数，自 2022 年 4 月 12 日起至实际给付之日止，按年利率 15. 4%标准计算；以 470 万元为基数，自 2022 年 4 月 26 日起至实际给付之日止，按年利率 15. 4%标准计算；以 250 万元为基数，自 2022 年 5 月 12 日起至实际给付之日止，按年利率 15. 4%标准计算；以 280 万元为基数，自 2022 年 5 月

12日起至实际给付之日止，按年利率15.2%标准计算)；三、易某、某地产公司、某房地产开发公司对某置业公司上述第一、二项债务承担连带保证责任；四、某建设公司对某置业公司上述第一、二项债务承担一般保证责任；五、驳回某有限合伙的其他诉讼请求。

某置业公司不服原审判决，提起上诉。北京市第二中级人民法院于2023年9月19日作出（2023）京02民终9422号民事判决：一、撤销北京市东城区人民法院（2022）京0101民初10677号民事判决；二、某置业公司向某有限合伙偿还借款本金9600517.90元并支付资金占用损失(以9600517.90元为基数，自2022年4月12日起至实际给付之日止，按年利率3.7%标准计算)；三、某建设公司、某地产公司、某房地产开发公司、易某在某置业公司前述第二项债务不能清偿部分的三分之一范围内承担赔偿责任；四、某建设公司、某地产公司、某房地产开发公司、易某承担赔偿责任后，有权向某置业公司追偿；五、驳回某有限合伙的其他诉讼请求。

【裁判理由】

法院生效判决认为，借贷活动作为资金融通的方式，在能够获取高额利息的同时也存在相当程度的风险。为规范民间借贷市场，引导市场秩序良性发展，《最高人民法院关于审理民间借贷案件适用法律若干问题的规定》（2020年第二次修正，以下简称《民间借贷规定》）第十三条第一项、第二项对出借资金的来源进行了限制性规定，对于套取金融机构贷款转贷，以及以向其他营利法人借贷、向本单位职工集资，或者以向公众非法吸收存款等方式取得的资金转贷的，应当对借款合同的效力作出否定性评价；该条第三项则对职业放贷行为予以规制，以此实现对市场资金配置的有效监管及对金融风险的把控。否则，若任由非法转贷、职业放贷行为不受规制地发展，风险的累积和传导失去监管机制的有效把控，金融市场势必无法实现健康发展。

因此，个案放贷行为的司法审查，应当考虑是否存在非法转贷、职业放贷等扰乱国家金融市场秩序，进而违反社会公共利益的情形。相关审查应结合法律、行政法规对合同效力的认定规则及国家金融监管政策对放贷行为的管理规范，予以综合考量。

（一）案涉借款合同的效力

1. 案涉借款合同效力审查的依据

本案作为2020年8月20日之后受理的案件，应当重点审查其是否存在《民间借贷规定》第十三条规定的导致借款合同无效的情形。《民间借贷规定》第十三条关于民间借贷合同无效的原因可以总结为五个方面：一是借贷资金并非自有资金。但限于出借资金来源于金融机构贷款，以及通过向其他营利法人借贷、向本单位职工集资或者向公众非法吸收存款等方式获取（该条第一项、第二项规定）。二是职业放贷行为。即借贷资金虽然是自有资金，但出借人不具备放贷资格，以营利为目的向社会不特定对象放贷（该条第三项规定）。三是以合法形式掩盖非法目的。即该条第四项规定的“出借人事先知道或者应当知道借款人借款用于违法犯罪活动仍然提供借款的”情形。四是其他违反法律、行政法规强制性规定的情形（该条第五项规定）。五是违背公序良俗（该条第六项规定）。以上五个原因之间并非完全独立，往往相互包含，一个民间借贷行为可能同时存在上述几种无效的情形。

从本案事实来看，在前述五类构成合同无效的事由中，应重点审查资金来源及是否构成职业放贷。同时也应当认识到，对资金来源及职业放贷行为的规制，本质上亦是以国家监管行为规范市场经营秩序，故在个案审查中，也应当考虑所涉放贷模式是否构成对法律、行政法规强制性规定的违反及对公序良俗的违背。

2. 案涉5000万元借款合同的效力认定

本案中，某有限合伙、某咨询公司自认设立包括案涉有限合伙在内的三个有限合伙就是为了将投资人归集在一起，以出资的方式归集资金向某置业公司出借款项。作为某有限合伙合伙人的投资人，实际上是以其资金进行债权投资，收取固定收益回报。从确定投资人、设立有限合伙归集资金、对外出借款项、借款合同的具体履行全过程来看，均由相关有限合伙的执行事务合伙人即本案原审第三人某咨询公司实际操控，有限合伙实际上成为执行事务合伙人归集资金对外借款并获取高额报酬的工具。某咨询公司以极低的出资比例，撬动巨大的资金池进行放贷活动，并以咨询服务费等形式从中获取高额收益。

因案涉有限合伙出借资金的对象具有特定性，故并不构成职业放贷行为。但其是否可以落入《民间借贷规定》第十三条第二项规定的“以向其他营利法人借贷、向本单位职工集资，或者以向公众非法吸收存款等方式取得的资金转贷的”，则应从规范目的角度，检视本案情形是否可纳入该项规定的“等方式”。《民间借贷规定》第十三条第二项的规范目的在于，在市场经济发展不完全成熟的情况下，为防止民间借贷金融市场的危机不当累积，以国家层面的监管引导和纠正市场配资资金的无序。尤其在借贷双方信息不对称、不充分的情况下，双方都有可能基于有限理性做出违背市场规律的判断和选择，导致市场配置资金无效，故需要政府管制矫正市场的不足。对应前述规范目的来看，自 2019 年底至 2022 年初约两年期间，某咨询公司连续通过其设立的三个有限合伙，以出资人债权投资的方式归集资金，扮演资金中介的角色，向某置业公司出借数十笔款项，数额从数十万元至数百万元不等，累计出借数额达到 11086 万元之多。上述一系列放贷行为对应期限较短、出借次数较为频繁、涉及金额巨大，考虑其对市场资金配置方式及程度的影响，若任由其游离于监管之外无序发展，可能扰乱金融市场秩序，引发金融风险，故应当将其纳入《民间借贷规定》第十三条第二项的规范范畴。基于前述考量，对案涉某有限合伙与某置业公司签订的金额为 5000 万元的借款合同效力宜作否定性评价。

（二）某置业公司应当偿还的借款金额

1. 某置业公司应当支付的资金占用损失

借贷双方均认可，在案涉 5000 万元借款合同项下，实际出借金额为 3986 万元。二审法院酌定以本案一审起诉时的一年期贷款市场报价利率即 3.7%对借款人某置业公司对此 3986 万元借款本金应当支付的资金占用损失进行核算，计算至最后一笔还款日 2022 年 4 月 11 日止，金额为 685717.90 元。

2. 利息及咨询服务费是否均核算为案涉借款利息

本案中某咨询公司与某有限合伙具有明确的关联关系，某咨询公司系某有限合伙的执行事务合伙人，本案的交易架构系由某咨询公司设计及具体操作实施，此其一。其二，本案中咨询服务费的收取并非集中一笔进行收取，而是每月在收取案涉借款利息的同时按照固定利率收取咨询服务费，从收取节奏及收取金额与借款金额的比例关系来看，均不符合咨询服务费的一般特征，而符合利息收取的特点。其三，在某置业公司与某有限合伙签订的数份借款合同项下，收取利息和咨询服务费的模式均高度一致，但某咨询公司并未就其针对每份借款合同均提供了与其收取的咨询服务费用质价相当的咨询服务进行合理说明。某置业公司在本案交易框架中系以获得借款为主要目的，其向某有限合伙支付的利息、向某咨询公司及其指定主体支付的咨询服务费，均系某置业公司为借款实际支出的融资成本。在某咨询公司的操控下，案涉借款通过不同主体变相收取利息，相关款项应当统一作为利息进行核算。经核算，以 3986 万元为本金，该合同项下某有限合伙收取的利息及某咨询公司收取的咨询服务费共计 451.52 万元。

3. 某置业公司尚欠本金数额及后续资金占用损失支付标准的确定

根据《民间借贷规定》第二十九条的规定，出借人与借款人既约定了逾期利率，又约定了违约金或者其他费用，出借人可以选择主张逾期利息、违约金或者其他费用，也可以一并主张，但是总计超过合同成立时一年期贷款市场报价利率四倍的部分，人民法院不予支持。该条事实上确认了逾期利息、违约金及其他费用，在核算上应当统一进行，其总和不得超过法律规定的利率上限。而本案中，因借款合同无效，不再按照利率保护上限进行核算，而应当将相关费用均核算为利息后，以资金占用损失（一倍的一年期贷款市场报价利率）为限进行核算和抵扣。某置业公司截至2022年4月11日仅需支付资金占用损失685717.90元，而其实际支出利息451.52万元。对于其超付的3829482.10元应当折抵本金，故某置业公司应当向某有限合伙偿还9600517.90元本金及自2022年4月12日开始按照年利率3.7%计算的资金占用损失。

（三）案涉担保主体应当承担的责任

本案中各担保方签订的担保合同因主合同无效而无效。各担保方为案涉经营模式下的借款合同提供担保，应认为对担保无效具有一定过错。故根据相关法律规定，各担保方均应当在某置业公司不能清偿部分三分之一范围内承担赔偿责任，且在承担责任后，有权向某置业公司追偿。

【案例解析】

民间借贷是中小企业获得生产资金、促进企业发展、激活市场主体经营活力的重要融资手段，然由于贷款行为的专业性和高利润性，我国金融管理体系对放贷行为进行了严格的市场准入及审批监管。但部分市场主体另辟蹊径，为躲避监管不断变换借贷行为模式，对金融管理秩序产生新的冲击。本案即企业以非法转贷为目的成立有限合伙引发的民间借贷纠纷，核心在于如何准确判断此类企业间借贷行为的效力，案件具有事实认定上的新颖性及法律适用上的复杂性。

（一）企业间借贷行为效力的判断标准

关于企业间借贷行为效力的认定，伴随我国市场经济发展，相关法律规范及实践裁判规则亦不断变化，总体经历了四个阶段：认定无效、绝对禁止①；认定无效、酌定利益②；严格审查、适当有效③；明确标准、一般有效④。最终形成以民法典合同效力相关规定及《民间借贷规定》第一条、第十条、第十三条为主体的企业间借贷行为效力认定规则。

《民间借贷规定》第十条明确规定："法人之间、非法人组织之间以及它们相互之间为生产、经营需要订立的民间借贷合同，除存在民法典第一百四十六条、第一百五十三条、第一百五十四条以及本规定第十三条规定的情形外，当事人主张民间借贷合同有效的，人民法院应予支持。"该规则是确认企业间借贷行为效力的直接规定，其前半部分系明确对"借方"的效力性限制，即借款人通过融通资金必须以满足"生产、经营需要"为目的；后半部分则多为明确对"贷方"的效力性限制，其中除民事法律行为一般性效力限制规则外，针对企业间借贷行为效力认定的限制规则主要为自有资金限制及职业放贷限制。

1. 准确理解企业间借贷行为自有资金限制

自有资金限制系对借贷"行为"的限制，即人民法院需审查案涉借贷行为的资金来源。2015年《民间借贷规定（征求意见稿）》第十一条

① 1999年合同法实施前，实践中企业间借款行为效力认定的依据为请示批复、解答等司法文件，主要包括《最高人民法院关于审理联营合同纠纷案件若干问题的解答》《最高人民法院关于企业相互借贷的合同出借方尚未取得约定利息人民法院应当如何裁决问题的解答》《最高人民法院关于对企业借贷合同借款方逾期不归还借款的应如何处理的批复》《最高人民法院关于审理存单纠纷案件的若干规定》等，上述文件均规定企业间借贷行为客观上违反了金融管理法规，应当确定为无效。

② 1999年合同法实施后，随着司法系统对民事关系中公平原则及诚信原则的深入了理解和适用，司法实践在以企业间借贷行为"违反法律、行政法规的强制性规定"或"损害社会公共利益"等理由确认其无效的基础上，开始考量借方是否会因借贷行为被确认无效后获得不当利益，故而在确认合同无效后，将裁判重心转移到约定利息支持程度的问题上，个案裁判中多以同期银行贷款利率或者存款利率计算的利息作为贷方期间资金收益损失，从而实现公平。

③ 2015年《民间借贷规定》实施后，其中第十一条明确企业间为生产、经营需要订立的借贷合同有效，但受限于司法裁判惯性及客观实践中经营主体利用规则谋取不当利益行为多发（如实体企业转以放贷为业谋利），司法实践中仍严格掌握了企业间借贷行为的有效认定标准。详情可参见林晨、金赛波主编《民间借贷实用案例解析》（法律出版社2015年版）所作数据分析结果。

④ 2020年民法典及2020年修正的《民间借贷规定》实施后，随着职业放贷人等民间借贷监管规则的完善，以真实生产、经营需求和资金融通为目的的企业间借贷行为逐渐成为民间借贷市场主流，司法实践为配合市场经济发展需要，在严格审查借贷行为合法性的基础上，多以支持企业间借贷行为效力为主。

的原规定为："非金融机构法人及其他组织之间为生产经营需要，以自有资金相互借款，且未违反法律、行政法规强制性规定的，应当认定借贷合同有效。"由此可见，司法解释最初希望确定的企业间借贷行为效力规则系限制"贷方"需以"自有资金"出借。然而司法解释定稿删除了"自有资金"限制，对此最高人民法院明确该限制转由第十四条民间借贷行为无效的列举式规定进行明确，即"套取金融机构信贷资金又高利转贷给借款人"及"以向其他企业借贷或者向本单位职工集资取得的资金又转贷给借款人牟利"两种企业以非自有资金出借情形。[①] 2020 年《民间借贷规定》第十三条延续了前述列举式模式，仅在具体条文表述上有所变更。

上述规则细节的变化实际体现出对企业间借贷自有资金限制判断思路的本质变化，前者在效力规则中直接表述为企业需以"自有资金"出借，则此时自有资金限制即为范围性效力限制，司法实践中需明确自有资金的内涵外延范围进而准确适用；后者则仅在效力规则中列举两种非自有资金借贷情形，则此时自有资金限制仅为排除性效力限制，司法实践中如遇企业使用上述两项规则之外的非自有资金对外出借的情形，则不能直接根据企业使用非自有资金出借否定借贷行为效力，而是需要继续考察此时的非自有资金借贷行为是否违反其他效力性规定，综合判断行为效力。

本案中，某咨询公司以向某置业公司出借资金为目的，成立新的有限合伙企业实体，并将作为非其自有资金来源的各资金所有者登记为该合伙企业合伙人，以待出借资金作为出资登记在合伙企业名下。从实际出借行为判断，某咨询公司即以此交易模式变相汇集了非自有资金完成对其他企业实体的资金出借。此种经营模式，符合 2020 年《民间借贷规定》第十三条第二项"以向其他营利法人借贷、向本单位职工集资，或者以向公众非法吸收存款等方式取得的资金转贷的"规范目的，应当纳

---

① 参见杜万华主编、最高人民法院民事审判第一庭编著：《最高人民法院民间借贷司法解释理解与适用》，人民法院出版社 2015 年版，第 220 页。

入该项“等方式”的规制范围，认定构成非法转贷从而导致案涉借款合同无效。

2. 准确理解企业间借贷行为职业放贷限制

理论研究及司法实践通说认为，职业放贷行为必然导致借贷行为无效，虽有部分学者及人民法院引用“违反市场准入性规定并不影响合同效力”的总体合同法理念学说肯定行为效力，[①] 但该理解不宜作为司法实践的广泛选择，否则此类司法裁判结果可能导致企业由以生产经营为业异化为以未入监管放贷行为为业，并不符合市场经济发展需要，亦非经济秩序所能承受。

因此，对于企业主体对外出借资金构成职业放贷的，应当否定其效力。本案中，某有限合伙的执行事务合伙人某咨询公司明确其成立该合伙的目的即向某置业公司出借资金，虽然该合伙成立后除多次向某置业公司出借合伙资金外，并没有开展其他经营性业务，但由于其出借款项的对象具有特定性，仅仅针对某置业公司一个主体，而职业放贷行为以向社会不特定对象提供借款为构成要件，故本案情形难以从职业放贷角度纳入规制。

（二）企业借贷效力判断标准中公共秩序特殊规则的适用路径

我国民事法律体系中所称公序良俗是公共秩序和善良习俗的统称，其由“社会公共利益”规则发展而来，明确规定于民法总则及之后的民法典，成为民事法律行为效力的判断依据之一。且由于企业间借贷行为本身即金融市场秩序体系中的重要组成部分，故而就企业间借贷行为效力判断规则而言，审查确定借贷行为是否侵害公共秩序即类型化案件的核心判断标准。前文所述自有资金限制、职业放贷限制等规则均可抽象为人民法院对企业间借贷行为是否侵害公共秩序的审查判断。

---

① 参见王利明：《论无效合同的判断标准》，载《法律适用》2012年第7期；许中缘：《论违反公法规定对法律行为效力的影响——再评〈中华人民共和国合同法〉第52条第5项》，载《法商研究》2011年第1期。

然而司法实践中，公共秩序规则的适用存在规则界限模糊、同案难以同判等现实问题。从案件裁判角度出发，人民法院除对已有明确司法解释规则或各地高院类型案件适用细则进行准确适用外，应在充分行使自由裁量权的过程中明确公共秩序规则的准确适用路径。

1. 适用公共秩序规则的法律价值基础

公共秩序规则作为公序良俗的一部分，仍属于民法体系中的不确定概念，亦区别于习惯，需要对其内涵外延作出符合客观实际需要的不同界定，因此在民法研究领域中，公共秩序规则类型化研究始终是理论研究重心，即基于广泛社会实践，区别出若干违反公共秩序的行为类型。

对此，不同学者在明确公共秩序规则法律价值取舍基础上，进一步划分了规则内涵范围，其中不同时期的不同学说观点亦显示出社会经济发展变化对公共秩序规定界限的影响。例如，梁慧星教授将公共秩序及善良风俗限制为十种法律价值类型，其后不同学者亦明确了不同观点主张。① 综合来看，对实践适用公共秩序规则具有直接指导意义的法律基础是最高人民法院民法典贯彻实施工作领导小组对公序良俗规则的明确理解，即法院或者仲裁机构在审理案件时，如果发现待决案件事实与其中某一个类型相符，即可判定行为无效。这些类型包括但不限于：危害国家政治、经济、财政、税收、金融、治安等秩序类型；危害家庭关系行为类型；违反性道德行为类型；违反人权和人格尊重行为类型；限制经济自由行为类型；违反公正竞争行为类型；违反消费者保护行为类型；违反劳动者保护行为类型。② 同时明确，公序良俗应包括基本权利之维护、弱者利益之保护、经济社会管理秩序之维护、婚姻家庭秩序之维护

① 参见梁慧星：《市场经济与公序良俗原则》，载《中国社会科学院研究生院学报》1993 年第 6 期；于飞：《公序良俗研究——以基本原则的具体化为中心》，北京大学出版社 2006 年版，第 135~143 页；王吉中：《公序良俗条款的适用方法——以法内评价的规则续造为核心》，载《甘肃政法大学学报》2021 年第 1 期；王利明：《论公序良俗与诚实信用原则的界分》，载《江汉论坛》2019 年第 3 期。

② 参见最高人民法院民法典贯彻实施工作领导小组编著：《中国民法典适用大全 · 总则卷》，人民法院出版社 2023 年版，第 155 页。

以及伦理道德之维护五个部分。①

综合上述法律规则价值界定可知，无论何种公共秩序规则类型化内涵范围的划分，其价值基础均系对基本法律权利价值的保护。因此人民法院在判断民事法律行为是否违反公共秩序规则时，亦需以维护基本法律权利价值为核心出发点。立足实操性分析，引入社会主义核心价值观作为适用公共秩序规则的价值判断标准，并据以审查案涉民事法律行为是否达到损害社会主义核心价值的程度，以使行为效力的认定符合社会实践需要。

2. 以违反公共秩序否定企业间借贷行为效力的裁量依据

对于非私募基金型有限合伙对外出借资金，尚无直接的禁止性法律规定。故不宜适用“违反法律、行政法规的强制性规定”否定借款合同效力。但自 2023 年 9 月 1 日起施行的《私募投资基金监督管理条例》第二十四条第二款明确：“私募基金财产不得用于经营或者变相经营资金拆借、贷款等业务……”进行备案并接受严格监管的私募基金合伙擅自经营对外借贷尚为行政法规所禁止，非私募基金型合伙从事对外借贷若不加以规制，显然不符合金融市场良性发展的内在要求。

同时需要注意，合同违背公共秩序，可能存在从量变到质变的过程，行为虽然可能给社会公共秩序造成一定的影响，但如果该影响并不显著，就不能以违背公共秩序为由认定所订合同无效。

综合前述分析，企业间借贷行为是否违反公共秩序的裁量依据和判断路径，首先应参照上述金融市场管理秩序的强制性规定所包含的因素，以金融贷款行业准入要求及贷款行为审查要素为判断基础，综合考虑当事人的主观动机和交易目的、政府部门的监管强度、一定期限内当事人从事类似交易的频次、借贷行为结果危害性等因素作出判断，最终确认是否应当基于违反公共秩序规则否定企业间借贷行为效力。

---

① 参见最高人民法院民法典贯彻实施工作领导小组编著：《中国民法典适用大全·总则卷》，人民法院出版社 2023 年版，第 760~770 页。

（三）本案基于行为效力认定标准及企业间借贷特殊性的综合考量

本案所涉企业间借贷行为发生在民法典实施之前，生效文书亦作出于《最高人民法院关于适用〈中华人民共和国民法典〉合同编通则若干问题的解释》实施之前，然而本案裁判所选择贯彻适用的相关合同效力认定标准与上述规则中蕴含的规则适用导向不谋而合。本案否定案涉借贷行为的效力，主要系基于以下几点考虑。

首先，从案涉企业间借贷行为特殊情形出发，本案中某有限合伙及某咨询公司自认设立案涉有限合伙的目的即归集资金对外放贷，具体表现为以向出资人支付固定收益的方式归集资金并向某置业公司开展借贷行为。该行为的各个流程环节均由第三人某咨询公司控制完成，案涉贷方主体实际成了某咨询公司获取高额贷款利息报酬的企业工具，其系列行为对应期限较短、出借次数较为频繁、涉及金额巨大，具备了归集资金对外放贷等非法转贷行为的特点。因此，本案认定案涉借贷行为符合非法转贷的行为特征。

其次，从金融市场主体管理体系出发，某有限合伙从事企业间借贷行为并未获得金融监管部门批准。类比相关管理体系规定，进行备案并接受严格监管的私募基金合伙擅自从事对外借贷行为尚为行政法规所不允许，如果在本案中肯定了相关未备案企业借贷行为的效力，则无疑违背了金融市场主体审批监管规范的核心目的，为市场主体提供错误示范。

最后，从维护我国金融市场有序发展出发，中国特色社会主义经济发展的优越性即在于我国经济发展的核心目的是保障全体人民长期利益，而非盲目追求资本短期利益。因此，我国对从事放贷行为予以监管和规制，其核心目的即在于维护市场经济发展的稳定性，避免企业实体为盲目追逐高额利润使金融资本不受监管地错误流动，充分保障金融活动服务于社会主义市场经济发展方向。因此，本案中某咨询公司以追求高额利息及金融服务费用为核心目的，通过复制设立新企业的方式开展放贷业务，试图躲避民间借贷监管规则，涉及金额巨大，已达到扰乱金融市场秩序的严重程度，应当纳入公序良俗的规范范畴。综合前述考量，本案最终对案涉企业间借贷行为的效力予以否定评价，并在此基础上明确责任承担。

（四）对关联主体变相收取利息的认定

利息是本金产生的孳息，是借款人完全支配和使用借款本金所承担的成本。在实际的借贷交易模式中，出借人往往为了规避法律规定的利率保护上限，采取违约金、其他费用的方式赚取高额的收益。其他费用主要包括服务费、咨询费、管理费等，从性质上看，这些费用亦属于借款人为获得借款而支付的成本，与利息的性质无异。《民间借贷规定》第二十九条规定的立法逻辑即在于，出借人收取的利息、违约金、其他费用均为借款人为获得资金融通需要支出的成本，应当将其均纳入借款利率保护上限的规范范畴，防止出借人为规避利率保护上限规定而以费用的名义收取利息，进一步规范民间借贷行为。

然而，在实际的借贷操作中，又进一步衍生出借由不同主体收取利息和相关费用的模式以规避前述法律规定。此时，若可以认定收取利息和相关费用的主体之间存在关联关系，则应当运用穿透思维，将其认定为同一主体收取利息的行为，以使《民间借贷规定》第二十九条的规范目的不至于落空。如在本案中，收取咨询费的某咨询公司为出借人某有限合伙的执行事务合伙人，其与出借人存在高度关联性，且其设计、运行案涉交易模式的目的即获取高额收益。此种以关联主体收取利息、费用的模式，亦应当在前述法条的规范范围内。故在认定案涉借款合同无效后，对于出借人某有限合伙的关联主体某咨询公司以咨询费名目按照固定利率收取的相关费用，应认定为借款人为借款实际支出的融资成本，统一核算为其已支付的利息，并对超付部分作抵扣本金处理。

遗产管理人之诉讼担当厘定与诉讼程序析明

——安宁市民政局诉马某某、保某某房屋买卖合同纠纷案

方 硕 唐 达*

【裁判要旨】

遗产管理人应有一定权限在遗产管理期间提起或参与与遗产有关的诉讼，并实施一定的处分行为。民法典第一千一百四十七条关于遗产管理人职责第四项“处理被继承人的债权债务”以及兜底条款“实施与管理遗产有关的其他必要行为”应包括遗产管理人为主张债权或偿还债务而进行的必要诉讼行为。

【相关法条】

《中华人民共和国民法典》第一千一百四十五条、第一千一百四十六条、第一千一百四十七条

【案件索引】

一审：云南省安宁市人民法院（2021）云0181民初4525号、（2022）云0181民初656号（2022年5月11日）

* 作者单位：北京市第一中级人民法院。

【基本案情】

原告（合并审理被告）马某某、保某某请求：（1）确认马某某、保某某与胡某甲于 2018 年 12 月 15 日签订的《房屋买卖合同》有效；（2）判令安宁市民政局协助其将昆钢蓝天城住宅小区×××号房屋（以下简称案涉房屋）产权变更登记为马某某、保某某所有。

被告（合并审理原告）安宁市民政局辩称：在能够确认房屋买卖合同有效的情况下，且在马某某、保某某支付购房尾款之后，其同意协助办理过户登记手续。

第三人胡某乙述称：胡某甲出卖房屋后与其共同居住，生活由其照顾，身后事也由其办理。

被告（合并审理原告）安宁市民政局诉称：马某某、保某某应履行《房屋买卖合同》约定，于办理房屋过户手续当日向其支付 8 万元房屋买卖尾款，款项存入安宁市慈善会，用于公益慈善事业。

2021 年 12 月 6 日，法院受理马某某、保某某诉安宁市民政局、第三人胡某乙房屋买卖合同纠纷一案。2022 年 3 月 7 日，安宁市民政局针对前案的同一事实亦提起房屋买卖合同纠纷诉讼。基于上述两案系基于同一事实发生的纠纷，法院将两案依法合并进行审理。

法院经审理查明，2018 年 12 月 15 日，马某某与案外人胡某甲签订《房屋买卖合同》，约定胡某甲将其名下案涉房屋出售给马某某，房屋成交价为 58 万元。双方约定于 2018 年 12 月 15 日支付首付款 40 万元，房屋交付当日支付 10 万元，办理过户手续当日，双方在房产部门（公证处）签字手续完成后支付尾款 8 万元。合同另约定胡某甲于 2018 年 12 月 30 日将房屋钥匙交付给马某某，并在该房屋可以办理过户手续之日起 61 天内协助办理房屋过户手续。马某某、保某某于 1985 年登记结婚，合同签订后，马某某、保某某向胡某甲支付了房款共计 50 万元，于 2018 年 12 月 30 日接收房屋并装修入住至今。

2020 年 2 月 24 日胡某甲去世，生前未留有遗嘱。其去世时婚姻状态为离异，生前未生育子女，胡某甲父母、祖父母、外祖父母均先于胡某甲去世，其无兄弟姐妹，第三人胡某乙系胡某甲之姑妈。

另查，2022 年 3 月 17 日，马某某、保某某向法院提起特别程序之诉，请求指定安宁市民政局为胡某甲的遗产管理人，法院于 2022 年 3 月 29 日作出（2022）云 0181 民特 8 号民事判决书，指定安宁市民政局为胡某甲的遗产管理人。

【裁判结果】

云南省安宁市人民法院于 2022 年 5 月 11 日作出（2021）云 0181 民初 4525 号、（2022）云 0181 民初 656 号民事判决：一、由马某某、保某某于判决生效之日起五日内向安宁市民政局支付购房尾款 8 万元；二、由安宁市民政局于判决生效之日起五日内协助马某某、保某某办理案涉房屋过户手续。

【裁判理由】

法院生效裁判认为，关于安宁市民政局的诉讼主体资格问题。根据民法典第一千一百四十五条以及第一千一百四十七条第四项的规定，胡某甲的第一顺序继承人以及第二顺序继承人均在胡某甲之前死亡，且胡某甲未立有遗嘱，故胡某甲没有继承人，安宁市民政局作为胡某甲生前住所地的民政部门，可以作为胡某甲的遗产管理人，有义务根据民法典赋予的职责处理胡某甲生前的债权债务。且法院于 2022 年 3 月 29 日作出（2022）云 0181 民特 8 号民事判决书，指定安宁市民政局为胡某甲的遗产管理人。故马某某、保某某要求安宁市民政局履行相应职责，有法律和事实依据。

关于《房屋买卖合同》的履行问题，马某某、保某某与胡某甲签订的《房屋买卖合同》系双方真实意思表示，内容未违反法律强制性规定，当属有效，当事人均应按照合同履行各自义务。根据合同约定，胡某甲应当在案涉房屋可以办理过户手续之后 61 日内办理房屋过户手续，现该房屋已可以正常办理过户手续，故协助马某某、保某某办理房屋过户手续是胡某甲的合法合同义务。现胡某甲已去世，安宁市民政局作为胡某甲的遗产管理人应当依法处理胡某甲的债权债务，故马某某、保某某要求安宁市民政局协助其办理房产过户手续有法律及事实依据，法院予以支持。同时，合同中明确约定马某某、保某某应当于办理过户手续当日向胡某甲支付购房尾款8万元，现安宁市民政局作为胡某甲遗产管理人有权要求二人支付购房尾款。

【案例解析】

民法典实施后，遗产管理人制度作为一项现代民事继承中的重要制度起到了弥补法律空白的作用。其设立是社会需求推动之结果，制度所反映的从重视继承人利益向均衡继承人和债权人利益过渡的价值取向，具有维护遗产权利人利益、实现遗产公平分配、保障交易安全等重要意义。为实现民法典保护私人财产与交易安全并重的立法理念，解决司法实践中遗产管理人应否及如何参与诉讼的分歧，推动遗产管理人全面合理履行权利义务，本案提供了较好借鉴。笔者试以确立遗产管理人法定诉讼担当为突破点，为理论与实务、实体与程序融洽衔接提供解决方案。

一、民法典新增遗产管理人制度之诉讼现状检视

笔者以“遗产管理人”为关键词检索全国法院相关案件共计15件。[①]总体而言，民法典实施以来，遗产管理人制度在一定程度上弥补了过去因制度缺失而导致的相关权利人“无人可诉”及相关权利“无处可张”的尴尬境遇，但新制度从域外借鉴到“本土化”，从上层设计到实践落地确有不断校正之必要。

---

① 检索平台为“法信”，15例案件包括裁判文书、新闻报道、案例文章等，2022年5月31日访问。

（一）遗产管理人制度适用范围不统一

遗产管理人作为民法典新增规定，是否可对民法典实施之前发生的继承事实适用《最高人民法院关于适用〈中华人民共和国民法典〉时间效力的若干规定》第三条，即适用遗产管理人制度进行解决，实践中做法不一。部分判决认为，“当时的法律、司法解释对于遗产管理人制度并无规定而民法典增设该制度，且适用该制度能够更加妥善地处理遗产、解决遗产争议、维护债权人的合法权益，因此本案可以适用民法典规定”①，进而对申请人关于指定遗产管理人的请求予以审查并支持。部分判决则认为，“因民法典尚未生效施行，故原告该诉讼请求无法律依据”②。该案二审发回重审认为，“一审法院仅以民法典未生效为由，驳回原告要求追加遗产管理人的请求欠妥。若被继承人确无合法继承人，一审法院应当追加民政局作为被继承人的遗产管理人，对被继承人的遗产及债务进行处理”③。

（二）遗产管理人责任边界不清晰

纵观笔者检索到的涉及遗产管理人案件，关于法院指定遗产管理人两种现象并存。一种是继承人及利害关系人积极“竞标”遗产管理人，一种是责任主体消极怠工“推诿”遗产管理人。

前者如福建省厦门市思明区法院审理的魏姜氏祖宅指定遗产管理人案，因魏姜氏继承人众多，且多人散落海外情况不明，魏姜氏身后遗留祖宅的析产确权困难重重，继承纠纷已历经两代人均未能妥善解决。法院在魏姜氏后人争当遗产管理人的情况下，引入“竞标”机制，令争当遗产管理人的各继承人分别阐述管理遗产的有利条件、能力水平和具体

---

① 参见重庆市万州区人民法院（2021）渝0101民特847号民事判决。
② 参见北京市东城区人民法院（2020）京0101民初18444号民事判决。
③ 参见北京市第二中级人民法院（2021）京02民终2416号民事判决。

方案，以此确认案涉遗产房屋的合适管理人。[①] 后者则集中于无人继承情形，占比超过90%。民法典第一千一百四十五条规定“没有继承人或者继承人均放弃继承的，由被继承人生前住所地的民政部门或者村民委员会担任遗产管理人”。此乃法律设定的义务而非可放弃之权利，而实践中存在上述义务主体消极推诿现象。例如，安徽省淮北市相山区民政局认为，该局对于任某的继承人情况不了解，无法核实其继承人的具体情况；任某所在的村民委员会作为遗产管理人更为适宜。双方就此发生争议。[②] 责任主体或积极竞标或消极推诿，除受本身利益之驱使，根源或在于制度本身性质及责任边界不明确。

（三）遗产管理人的诉讼地位不明确

为了处理被继承人的债权债务，遗产管理人能否提起或参与与遗产有关的诉讼？如果可以参与，遗产管理人应以何种身份参与？对此，民法典及相关司法解释均未给出明确回应，由此也导致司法实践做法各异。例如，北京市房山区人民法院（2011）房民初字第5688号法定继承纠纷中，原告与被告均为法定继承人，原告请求法院指定其中一位继承人为遗产管理人，法院未对该项诉讼请求予以明确回应，而在兜底判项中“驳回原告其他诉讼请求”。回归本案，房屋买受人与遗产管理人各起一诉，债权人要求遗产管理人协助办理房屋过户手续，遗产管理人主张房屋买受人支付尾款，法院将两起案件合并审理，最终支持双方诉求。

此外，作为遗产管理人的民政部门认识上存在的较大差异，直接影响其对遗产管理之主动性。例如，部分案件民政部门认为其作为遗产管理人仅根据民法典规定被动对遗产进行管理，并不具有诉讼主体资格。由此，遗产管理人诉讼地位尚需进一步明确。

---

① 陈小芬、张希华：《厦门思明区法院创新适用“竞标”方式指定遗产管理人》，载《人民法院报》2021年8月6日第3版。

② 参见《民法典实施后安徽首起指定遗产管理人案审结》，载《人民法院报》2021年10月19日第3版。

（四）遗产管理人程序适用不规范

现有涉遗产管理人案件可分为三类：一是利害关系人提起指定遗产管理人特别程序；二是利害关系人在具体诉讼中申请追加遗产管理人或起诉要求遗产管理人履责；三是法院主动适用遗产管理人规定，在具体诉讼中认定遗产管理人。

第一类情况占比超过60%，特别程序申请人多为被继承人之债权人，申请法院指定继承人或在无人继承情形下指定民政部门或村民委员会为遗产管理人以实现债权，如刘某申请指定天津市河北区民政局为徐某遗产管理人案等。第二类情况又可分为两种：一种是利害关系人（亦多为债权人）提起具体诉讼（如被继承人债务清偿纠纷），要求法院追加或指定遗产管理人；另一种为利害关系人已在先提起特别程序，请求法院指定遗产管理人，待遗产管理人确定后再以其为被告进行具体诉讼，如本案。第三类情况则为法院主动适用遗产管理人制度，在债权人起诉请求继承人偿还被继承人债务时，主动认定该继承人为被继承人之遗产管理人，适用遗产管理人制度加以裁判，如北京市顺义区人民法院审理的余某与张某被继承人债务清偿纠纷案。由此，法院是否应主动适用遗产管理人制度，债权人等利害关系人是否必须首先提起指定遗产管理人特别程序后再进行具体诉讼是当下亟待明确的问题。

二、遗产管理人制度之实体法应然考量

法律应该是社会共同的、由一定物质生产方式所产生的利益和需要的表现，而不是单个的个人恣意横行。① 解决遗产管理人制度构建与司法实践尚未完全“适配”的难题，首先应回归制度设计的应然考量。

（一）遗产管理人制度价值取向

法的价值目标，是法作为客体满足主体需要的终极追求，体现了主

①《马克思恩格斯全集》，人民出版社1961年版，第291~292页。

体对法价值的追求和企盼。① 遗产继承制度是保护财产所有人根据其自身的意愿合法处置其财产，或者未处置其财产时法律所确定的一项规则，以使被继承人的财产能够在继承人等利害关系人之间进行合理分配的法律制度。②

继承法制定之初受时代背景及经济水平影响，立法采“以继承人为中心”模式，继承制度整体呈现为重遗产中积极财产分配而轻消极财产分担的状态，特别是对遗产债务清偿中债权人保护有所失衡。债权人既需要承担遗产减损不足以清偿债务的风险，又要提防继承人实际占有遗产却以放弃继承权的形式逃避债务的情况。现代社会，遗产的移转不仅涉及被继承人利益和继承人利益，还涉及遗产债权人利益和社会经济秩序安全。由此，注意维护遗产债权人的利益和交易安全成为民法典继承编立法理念之一，增设遗产管理人制度即为其重要体现。特别是在无人继承情况下，遗产管理人作为立法设立的中转角色，既确保继承人可通过放弃继承权的形式从遗产相关诉讼中脱身，又不会导致诉讼因无适格当事人而陷入困境。

遗产管理人尊重和遵从被继承人的遗嘱对遗产进行管理和分配，是被继承人的意思自由在其死亡之后的延伸和最大体现。③ 遗产管理人制度同时遵从自由、公平、秩序、效率的价值取向，致力于使遗产得到有效管理，提高遗产分配效率，维护继承秩序，保护交易安全。

（二）遗产管理人中“管理”的核心要义

《牛津法律大辞典》对“管理”之内涵进行了解构与内容列举。其认为遗产管理人是“在被继承人无遗嘱或未指定遗嘱执行人、遗嘱执行人死亡或不接受被继承人财产的情况下，由高等法院家事法庭指定的收

① 参见杨震：《法价值哲学导论》，中国社会科学出版社2004年版，第172页。

② 参见费安玲：《罗马继承法研究》，中国政法大学出版社2004年版，第2页。

③ 参见武晋：《民法商法化背景下遗产管理制度构建的价值选择》，载《河南财经政法大学学报》2017年第4期。

集被继承人财产，清偿死者债务，并将偿债后所余财产分配给根据未立遗嘱的情况或按照被继承人的遗嘱对遗产享有权利的人”①。“管理”作为遗产管理人这一新制度的基础概念，不仅是法律意义上的概念构建，更蕴藏着深刻而丰富的社会现实需求与经济基础，同时廓清了其在立法过程中所应当遵循的边界。

聚焦遗产管理人“管理”的核心要义，目的在于使遗产得到有效管理，最大限度避免遗产损失，保障继承权向所有权转化。例如，冯某亮与吴某兰、张某秀等被继承人债务清偿纠纷案中，被继承人傅某礼生前承包一项乡村道路工程，雇用冯某亮拉混凝土。后傅某礼因意外去世，冯某亮诉至法院请求傅某礼之继承人支付其劳务工资，但继承人均放弃继承，法院最终驳回冯某亮的诉讼请求。② 而遗产管理人制度将会有力改善这一局面，债权人可向遗产管理人申报债权，此时遗产管理人应依据民法典第一千一百四十七条之规定清理遗产并制作遗产清单，根据遗产清单依顺序及比例清偿债务，进而使债务得到清偿，继承人及债权人利益有所保障。

此外，强调“管理”也对遗产管理人之责任进行明确，民法典第一千一百四十八条规定遗产管理人因故意或重大过失造成继承人、受遗赠人、债权人损害的，应当承担民事责任。遗产管理人仅系从事管理行为，因一般过失造成遗产损失的，则不在上述责任范畴。例如，浙江省鄞县人民法院审理的（1993）鄞民初字第153号返还财物纠纷，法院认为遗产管理人并不明确知道被继承人的所有财产，致使遗产被有关部门处罚，该遗产管理人没有占有他人财物的意思，也没有实际占有他人财物，因此不构成对他人财物的侵权。

（三）遗产管理人中“管理”的行为边界

既然“管理”是遗产管理人制度的核心要义，那么是否应允许管理

---

① ［英］戴维·M. 沃克编：《牛津法律大辞典》，北京社会与科学发展研究所译，光明日报出版社1988年版，第18页。

② 参见重庆市武隆区人民法院（2017）渝0156民初4094号民事判决书。

中一定风险的存在？是否严格考察处分行为善意、合理、符合专业判断？是否取得与所有权中的处分权相同的处分权？有观点认为，管理遗产并非经营企业，其目的是维护遗产价值不受侵害。① 瑞士民法典第585条及日本民法典第918条均采纳处分行为符合必要之限度，而德国民法典第2038条对共同继承人的管理权限分为三种情况，即必要的、适当管理的以及超出适当管理范围的。②

我国民法典亦明确遗产管理人职责的兜底性规定“实施与管理遗产有关的其他必要行为”。笔者认为，“必要”应理解为对遗产管理人的管理行为不能仅以盈利或者亏损来判断履职适当与否；否则，在为避免更大损失而采取必要行动以最大限度减小损失时，民法典第一千一百四十八条可能成为管理人被不当责难的条款。除民法典明确的五项必要行为外，为避免遗产损失进一步扩大而提起或参与必要诉讼的行为亦应囊括在内。

三、遗产管理人制度之程序法破局初探

实体法的实施，离不开程序法的辅助。笔者认为，可以确立遗产管理人法定诉讼担当为突破点，通过前置程序确认遗产管理人制度诉讼当事人资格问题，明确遗产管理人在遗产管理期间提起或参与与遗产有关的诉讼之权限，并可实施一定的处分行为。

（一）再论诉讼担当

诉讼担当是指权利义务主体以外的第三人取代主体而被认可具有当事人适格的情形。此与第三人请求对他人间的权利关系予以确认等情形不同，作为担当人的第三人行使的是本来归属于权利关系主体的诉讼实施权。③ 诉讼担当根据担当人具备当事人适格原因的不同，可分为基于法定效果的法定诉讼担当和基于主体意思的任意诉讼担当。

---

① 参见杨立新：《民法分则继承编立法研究》，载《中国法学》2017年第2期。

② 参见［德］雷纳·弗兰克、托比亚斯·海尔姆斯：《德国继承法》，王葆莳、林佳业译，中国政法大学出版社2015年版，第189~190页。

③ 参见［日］伊藤真：《民事诉讼法》，曹云吉译，北京大学出版社2019年版，第128~130页。

法定诉讼担当的本质在于诉讼实施权的法定授予、限制、剥夺。通常而言，法定诉讼担当人表现为实体权利义务主体以外的第三人，但在特殊情况下部分权利义务关系主体亦可以基于法律规定而取得概括性诉讼实施权。任意诉讼担当是指实体法上的权利主体或者法律关系以外的第三人，为了自己的利益或者代表他人的利益，以正当当事人的地位提起诉讼，主张一项他人享有的权利或基于他人法律关系所引发的争议，法院判决的效力及于原来的权利主体。①

二者可从权利来源与制度功能加以区分。从权利来源上看，法定诉讼担当人基于法律规定而对他人诉讼标的享有法定诉讼实施权，任意诉讼担当人基于本来权利义务归属主体的授权而对他人诉讼标的享有意定诉讼实施权。从制度功能上看，法定诉讼担当是立法者通过价值衡量，或为了保护被担当人的利益，或为了保护担当人的利益，或为了维护公共利益而强行剥夺或限制本来权利义务主体的诉讼实施权，转由特定第三人独自或者共同享有；任意诉讼担当是本来权利义务主体在法律明文准许或司法默认准许的情况下，将其诉讼实施权移转给第三人独自或者共同享有。因此，法定诉讼担当的设立，更多是立法价值的考量，任意诉讼担当的设立，则更多是对诉讼实施权处分权能的尊重。

（二）遗产管理人与诉讼担当

1. 遗产管理人独立性证成

关于遗产管理人在法律体系中投射出的性质，学界主流观点有拟制代理说与法定任务说。拟制代理说②认为管理人的行为即便没有获得继承人的授权，其本质上都是为了继承人之利益，法律视其为继承人之代理，亦即特别拟制管理人为继承人法定代理人。法定任务说③认为，遗产管理人于继承人出现之前所为之职务上行为对继承人有效，是为保护交易安

① 参见纪格非：《功能论视角下任意诉讼担当的类型研究》，载《东方法学》2020年第2期。

② 参见史尚宽：《继承法论》，中国政法大学出版社2000年版，第370页。

③ 参见刘耀东：《继承法修改中的疑难问题研究》，法律出版社2014年版，第280页。

全，继承人也不能否认管理人在职务上的管理行为，因此此为法律规定任务。该学说与另一种固有权说异曲同工，最高人民法院倾向性意见认为，该说更具说服力，遗产管理人承担更为全面的管理功能，既要确保遗产价值，又要依被继承人的意愿处分遗产，还要保护继承人、受遗赠人及其他利害关系的合法权益，甚至要保护国家利益，具有中立性和专业性的特点。① 笔者亦倾向于后者，遗产分配过程中需要通过对遗产管理人的选任来实现“契约”式的权利让渡，限制绝大部分参与人的自由处分权能，并由各方或者法律所认可的管理人来集中行使遗产的分配权利，“管理人主观上需要具有中立性和专业性”。② 遗产管理人的作用在于通过信息集中、相对独立性甚至专业性的手段来尽量降低遗产分配制度运行的成本，其不依附于所有权人，故而并非拟制代理，遗产管理人应为独立主体。

2. 遗产管理人充任诉讼主体之依据

为了处理被继承人的债权债务，遗产管理人能否提起或参与与遗产有关的诉讼？结合本案笔者认为，遗产管理人应该有一定的权限在遗产管理期间提起或参与与遗产有关的诉讼，并实施一定的处分行为。当事人作为诉的主体，是获得司法救济的前提。民法典规定遗产管理人责任、选任、获取报酬等，其程序当事人的资格在诉讼法解释中得到确立，本文仅需探讨遗产管理人本身是否应为正当当事人。在此基础上的正当当事人概念，有助于避免诉权的滥用，充分发挥司法的救济功能。其识别依其性质本依赖于个案实践，但为了司法适用统一、便利进行，有必要确立一般识别标准。

传统诉讼实施权作为正当当事人的一般要件，以管理权为基础，最早由德国诉讼法学者黑尔威格提出，即在财产权诉讼中，权利主体基于对财产享有的管理、处分权而具备诉讼资格。③ 这一学说被日本接受，同

---

① 参见最高人民法院民法典贯彻实施工作领导小组主编：《中华人民共和国民法典婚姻家庭编继承编理解与适用》，人民法院出版社2020年版，第619页。

② 付翠英：《遗产管理制度的设立基础和体系架构》，载《法学》2012年第8期。

③ 参见江伟：《民事诉讼法专论》，中国人民大学出版社2005年版，第46页。

时发展出诉讼实施权赋予他人的情形。我国虽无正当当事人概念，但立法在原告确认标准中规定了“利害关系”概念，学说上对其的解释一般包括“直接利害关系人”和对他人的民事权利享有“管理权和支配权”的人。[①] 纵观遗产继承的过程，实际上是继承人之间、继承人与相关利害关系人之间博弈的过程，也是一个对二者间权利义务因被继承人死亡而重新梳理与整合的过程。在此过程中，遗产管理人仅是上述真正权利义务主体之外的第三者，其依据实体法规定，对他人的权利义务或法律关系享有管理权，以当事人诉讼地位就该实体权利产生的纠纷而行使诉讼实施权，判决效力及于该实体权利主体，可以概括性地认为遗产管理人制度与诉讼担当制度在理念上存在较大程度的契合。

遗产管理人制度的有效运行可以避免被继承人的遗产因其死亡陷入混乱，而由此导致遗产毁损、流失，亦可以避免债权人等利害关系人之利益因被继承人死亡而受到损害，故无论是债权人向遗产管理人主张债权而涉诉，还是遗产管理人向债务人主张债权而涉诉，都直接影响遗产管理人管理权的行使，可以认为遗产管理人对遗产涉诉案件有“诉的利益”，进而遗产管理人具有正当当事人的诉讼地位。结合上述任意诉讼担当及法定诉讼担当之区分，遗产管理人如属诉讼担当，依其性质应属法定诉讼担当。

3. 遗产管理人法定担当之合理性分析

民法典颁布之前，继承法中虽有遗嘱执行人、遗产保管人等规定，却未赋予其诉讼实施权，此与我国旧有继承制度的价值取向密切相关。民法典增设遗产管理制度后，意欲纠正过去重继承人轻债权人的理念，故在此背景下，遗产管理人诉讼担当的地位理应予以重新考量。

目前，民事诉讼法中法定诉讼担当可概括为以下几种：其一，基于身份权而引发的诉讼担当，主要表现为权利主体因死亡或失踪而丧失诉讼能力，如公民死亡后因人格权、著作权、侵权损害等诉讼；或权利主

① 参见肖建华：《民事诉讼当事人研究》，中国政法大学出版社2002年版，第112页。

体诉讼能力尚不完整，如涉及胎儿、不完全民事行为能力人的诉讼。其二，基于财产管理权或处分权而引发的诉讼担当，如股东代表诉讼。前述论及遗产管理人核心要义之“管理”，即与上述基于财产管理权或处分权引发的诉讼担当有较大契合度，立法虽设立遗产管理人，但若缺少诉讼实施权而无法参与相关遗产诉讼，显然对各方当事人利益保护有失。

目前民事诉讼法对法定诉讼担当的立法方式可概括为：其一，由法律明确规定诉讼地位。例如，死者人格权诉讼，《最高人民法院关于适用〈中华人民共和国民事诉讼法〉的解释》以“死者的近亲属为当事人”对诉讼地位直接确定；又如，死者名誉权诉讼，《最高人民法院关于审理名誉权案件若干问题的解释》规定近亲属可以作为原告向人民法院起诉；再如，企业破产法载明破产管理人“管理和处分债务人的财产；代表债务人参加诉讼、仲裁或者其他法律程序”。其二，由法律可推知诉讼地位。例如，胎儿等非完全民事行为能力人诉讼，民法典规定“由其法定代理人代理实施民事法律行为”；又如，死者著作权诉讼，《著作权法实施条例》以“由作者的继承人或者受遗赠人保护”进行表述；再如，宣告死亡、死者侵权损害赔偿诉讼，民法典以“向人民法院申请”“有权请求”予以规定。可见，立法除明确规定法定诉讼担当外，亦存在合理推定方式。围绕制度目的而实施的诉讼行为必然包含在内，既可有效保护各方利益，亦可推定其诉讼担当地位。遗产管理制度即如此，民法典第一千一百四十七条关于遗产管理人职责第四项“处理被继承人的债权债务”以及兜底条款“实施与管理遗产有关的其他必要行为”必然囊括为主张债权或偿还债务而进行的必要诉讼行为。

遗产管理人之程序地位可从实体规定中窥见一二。除上述民法典规定外，《最高人民法院关于适用〈中华人民共和国民法典〉继承编的解释（一）》第四十一条规定“遗产因无人继承又无人受遗赠归国家或者集体所有制组织所有时，按照民法典第一千一百三十一条规定可以分给适当遗产的人提出取得遗产的诉讼请求，人民法院应当视情况适当分给遗产”，将过去《最高人民法院关于贯彻执行〈中华人民共和国继承法〉

若干问题的意见》第五十七条中的“要求”变更表述为“诉讼请求”，在当前无人继承由“被继承人生前住所地的民政部门或者村民委员会担任遗产管理人”的制度规定下，更有力佐证了遗产管理人的法定诉讼担当地位。因而，无论从设立诉讼担当之主体，或是立法之表达方式看，遗产管理人应当也必须具备诉讼担当的地位。

（三）遗产管理人制度中的前置程序

上述实体与程序分析，其实已对前述民法典新增遗产管理人制度之诉讼现状检视提出的遗产管理人制度适用分歧、遗产管理人指定两极分化、遗产管理人诉讼地位尚需明确问题作出回应，关于其他程序适用问题本文略作探讨。

根据民法典第一千一百四十六条的规定，向法院申请指定遗产管理人的适用条件是利害关系人对遗产管理人的确定有争议，那么在无人继承情形下债权人或其他利害关系人对民政部门或村民委员会担任遗产管理人本无争议，是否仍应向法院提起特别程序，申请指定遗产管理人？结合前述民政部门与村民委员会消极推诿之情况，笔者认为，仍有必要将指定遗产管理人作为具体诉讼的前置程序。

具体分析如下：其一，一般而言，特别程序相较于具体诉讼而言，诉讼时间短、诉讼效率高，以特别程序确定遗产管理人，便于遗产管理人尽早履责，亦最大程度保证遗产价值效用。其二，以特别程序确定遗产管理人后，具体诉讼可能在遗产管理人履责过程中以协商等方式得以化解，避免再次诉讼时间成本、经济成本等消耗，亦最大限度规避矛盾激化。其三，以特别程序确定遗产管理人后，债权人等其他利害关系人可以明确以遗产管理人为适格当事人进行诉讼，特别是在无人继承情形下，有效规避因被告不适格而被裁定驳回起诉的情形发生。本案即在法院经特别程序指定遗产管理人后，确定安宁市民政局之主体资格，由遗产管理人担任具体诉讼当事人，权责明确，合理维护债权人权益的同时，也有效保障了遗产权利人的利益，对类案审判具有较强指导及借鉴意义。

【调研报告】

关于人民法院防治虚假诉讼工作的调研报告

谢　勇*

虚假诉讼对法治建设、司法权威、经济发展、社会秩序、群众权利带来极大危害。虽然人民法院下大决心，刑民并进、多措并举、重拳惩治，但虚假诉讼仍表现出一定的反复性、顽固性。最高人民法院民事审判第一庭根据院领导批示，专门对近年来人民法院防治虚假诉讼工作开展调研。

一、整体情况

（一）全国法院查处虚假诉讼案件数量呈上升趋势

经司法大数据分析，2018 年至 2022 年，全国法院查处虚假诉讼案件数量整体呈上升趋势，其中，2018 年至 2021 年上升幅度大，2022 年相比 2021 年有小幅下降。在裁判文书“本院认为”部分检索出关键词“虚假诉讼”的一审民事案件数量整体呈上升趋势。

（二）部分疑似虚假诉讼未查处

在调研座谈时，多地法官反映在办理民间借贷、执行异议之诉、劳

* 最高人民法院民事审判第一庭法官。

动争议等案件时，很多案件凭办案直观感觉是虚假诉讼或者当事人作虚假陈述，但真正认定为虚假诉讼的案件少。2019 年 11 月，某高院组织全省法院对 2017 年以来的民间借贷案件进行全面评查，发现疑似虚假诉讼案件数百件，最终认定查处的虚假诉讼案件只有几十件，对虚假诉讼人处以罚款或者拘留的约占一半，向公安机关移送犯罪线索的十多件。实践中存在对虚假诉讼疑而未查、查而未罚、线索不移、移而无果等现象。

（三）虚假陈述等不诚信诉讼行为具有一定普遍性

虚假诉讼的认定标准较高，以虚构案件基本事实向人民法院提起诉讼为条件。调研发现，“全假”的案件相对较少，“半真半假”“真中掺假”的案件多。例如，当事人签订“黑白合同”后依据“白合同”起诉，隐瞒真实法律关系；民间借贷诉讼中，出借人通过收取“断头息”“转账出借、现金还款”等方式，虚增借款本金或者隐藏高利贷事实。此类不诚信诉讼行为虽不构成虚假诉讼，但违反诉讼诚信原则，对当事人权益和诉讼秩序有较大损害。

（四）虚假诉讼的案由分布相对集中

2018 年至 2022 年，在裁判文书“本院认为”部分检索出关键词“虚假诉讼”的一审民事案件中，案由排前三位的是民间借贷纠纷、买卖合同纠纷和劳务合同纠纷。某高院在调研中反映，全省法院查处虚假诉讼案件九成以上为民间借贷纠纷案件。

（五）虚假诉讼的主要类型

从虚假诉讼人的行为动机看，虚假诉讼可分为虚假确权型、政策套利型、恶意侵权型和逃废债务型四种类型。

1. 虚假确权型虚假诉讼

虚假确权型虚假诉讼是指当事人为使人民法院确认其享有本不享有

的权利而虚构案件基本事实提起的诉讼。有的当事人为使自己的商标被认定为驰名商标，虚构商标争议和诉争商标是驰名商标的事实，通过诉讼使其拥有的商标被认定为驰名商标。这一问题在最高人民法院专门整治后得到了较为有效的解决。实践中还存在通过调解进行物权确权或者建设工程价款优先受偿权确权等产生的虚假确权型虚假诉讼。

2. 政策套利型虚假诉讼

政策套利型虚假诉讼是指当事人为规避国家房地产调控、车辆限购等调控政策或者享受拆迁补偿、社会保险等政策福利，虚构买卖合同、“以物抵债”协议、劳动关系等基本事实提起的诉讼。较为典型的有某地法院于2011年查处的“假官司”过户京牌车辆手续案、2014年查处的利用诉讼规避房屋限购案等。在汤某某诉某服饰公司确认劳动关系纠纷一案中，原、被告双方恶意串通，虚构工作年限，以达到办理社会保险费补缴手续的目的。

3. 恶意侵权型虚假诉讼

恶意侵权型虚假诉讼是指以直接侵害他人合法权益为目的虚构案件基本事实提起的诉讼。主要包括以下情形：一是夫妻一方与第三人恶意串通，虚构夫妻共同债务，损害另一方的财产权益。例如，在邝某某诉张某某离婚后财产纠纷案中，原告利用经营夫妻离婚后共同财产的机会，伪造合同、虚构经营支出，企图侵害前妻的权益。二是公司管理人员单独或者与第三人恶意串通，虚构公司债务，损害公司及公司股东权益。例如，某地法院审理的40名原告诉某建筑装饰有限责任公司追索劳动报酬纠纷系列案件中，原告掌握公司公章并起诉公司支付伙食费、交通费、工资等，但原告陈述与其提供的书证矛盾、各原告对劳动时间的陈述矛盾、费用数额拼凑痕迹明显，诉讼过程中行为明显不合常理，高度疑似虚假诉讼，法院未支持原告诉讼请求。三是原告捏造竞争对手知识产权侵权或者不正当竞争的基本事实，提起虚假诉讼。四是捏造不存在的债权债务关系或者隐瞒债务已经清偿的事实，提起虚假诉讼，侵害他人权益。例如，在周某某诉唐某某、韦某某等民间借贷纠纷案中，原告在代他人向被告履行合法债务后，根据债务履行凭证，捏造被告向其借款的事实，起诉被告返还借款。五是购买人捏造经营者违法经营的事实，高额索赔。例如，在张某某诉某贸易有限公司产品销售者责任纠纷案中，原告伙同案外人将过保质期食品私自带入超市、混入超市货架，原告购买该食品后起诉请求经营者承担惩罚性赔偿责任，侵害经营者利益。

4. 逃废债务型虚假诉讼

逃废债务型虚假诉讼是指当事人为转移责任财产、排除强制执行、逃避债务承担而虚构债务或者优先保护的债权等案件基本事实提起的诉讼，主要包括以下两种类型。

一是债务人与第三人恶意串通，虚构债权债务关系，将自己的责任财产通过虚假诉讼转移至他人名下，从而达到逃避债务的目的。例如，某水泥有限公司的财产被执行拍卖，为获得拍卖款，公司法定代表人安排戴某一、戴某二、张某某等 79 人对公司提起追索劳动报酬纠纷虚假诉讼。又如，在关某某 6 件民间借贷系列案中，原、被告双方恶意串通制造虚假债务，企图摊薄被告的合法债权人在执行程序中的债权分配比例；在胡某某诉陆某某、杨某某民间借贷纠纷案中，原、被告双方恶意串通虚构民间借贷债务，以获得被告厂房等财产，避免被告财产被其他合法债权人申请强制执行；在刘某诉唐某某、龙某某民间借贷纠纷案中，律师授意原告将投资款虚构为借款。

二是虚构受法律优先保护的债权，以达到逃避强制执行的目的。抵押权、留置权等担保物权受公示公信原则的规范，担保物权的成立以登记或者标的物转移占有为条件，当事人难以虚构担保物权。为实现合同公平，立法或者司法审判通常赋予特定合同债权对抗其他债权甚至担保物权的效力。首先，为保护劳动者权益，企业破产法第一百一十三条第一款规定，破产人所欠职工的工资等债权优先于普通破产债权受偿。实践中，有的破产企业虚构工资债权，使普通破产债权不能获得清偿或者获得更少清偿，达到逃废债的目的。例如，在常某某等 12 人诉某粘胶剂厂劳动争议系列案件中，在某粘胶剂厂破产清算后，职工凭借工资欠条起诉工厂支付工资，被告竭力支持原告诉求，原告陈述却与工资欠条相矛盾，高度疑似虚假诉讼。还有的当事人将普通债权虚构为可优先受偿的债权。例如，某地法院审理的 39 名原告诉某钢品有限公司追索劳动报酬案中，原、被告将民间借贷债权虚构为工资债权，以期获得优先受偿。劳动人事争议是虚假诉讼高发领域。某地法院对 2016 年至 2019 年审结的劳动人事争议案件进行两次全面排查，查处并纠正虚假诉讼案件 400 多件。其次，2012 年修正的民事诉讼法规定了执行异议之诉制度。部分被执行人与案外人恶意串通，通过虚构房屋买卖合同、提起虚假的执行异议和执行异议之诉逃避强制执行，使申请执行人的债权或者担保物权无法实现，逃废债务。目前，执行异议之诉是虚假诉讼增长较快的领域。最后，《保障农民工工资支付条例》规定农民工可直接向发包人、总承包人请求支付工资，实践中出现了包工头虚开工资条由农民工起诉“讨薪”的现象。

二、各地经验

（一）向数据和算法要成效

有的地方法院充分发挥司法大数据优势，通过智能算法模型甄别虚假诉讼。例如，江苏法院探索创新“333”工作机制，利用“三大系统平台”为甄别虚假诉讼提供信息化支撑。一是依托法院案件信息管理系统，对疑似职业放贷人进行关联案件查询，准确掌握涉诉信息。二是依托执行指挥中心执行案件信息管理系统，对进入执行程序的判决书、调解书、仲裁裁决、赋予强制执行效力的公证债权文书进行关联案件查询。三是研发全国首个“套路贷”虚假诉讼智能预警系统，嵌入疑似职业放贷人名录，并对接江苏省非法金融活动信息监测平台，支持多维度立体检索比对。“套路贷”虚假诉讼智能预警系统利用 79 个识别监督点，通过智能算法模型，为甄别“套路贷”虚假诉讼提供可视化预警，大幅提升“套路贷”虚假诉讼关联案件的排查甄别准确率。该系统上线以来，江苏法院查询使用数百万次，从 140 万余件民间借贷一审案件中识别出 5 星级高风险疑似“套路贷”虚假诉讼案件和 4 星级风险案件。

（二）对重点领域集中排查

多地法院均对民间借贷、劳动争议等虚假诉讼重点领域开展集中排查。2019 年 11 月，河南高院下发《民间借贷案件突出问题专项评查方案》，组织全省法院对 2017 年以来的民间借贷疑似虚假诉讼案件进行全面评查。2019 年 9 月，江苏法院劳动人事争议审判条线对本地区 2016 年 1 月至 2019 年 9 月已审结的案件进行“回头看”，全面排查虚假诉讼。河北全省三级法院聚焦人民群众反映强烈、社会高度关注的离婚析产、民间借贷、执行异议之诉、建筑设备租赁等虚假诉讼高发领域，对 2013 年以来审执结的相关案件开展“回头看”，协调业务骨干成立 13 个评查组，对涉嫌虚假诉讼案件进行逐案评查。

（三）对重点案件专项督导

有的高院对重点案件加强督导，取得了较好效果。例如，某高院在扫黑除恶专项斗争领导小组办公室增设“套路贷”虚假诉讼专项治理工作组，加强对重点案件的督导。该院督导某中院办理了涉及曹某一、曹某二团伙等的“套路贷”虚假诉讼案件，依法启动再审纠错程序予以纠正；督导某中院再审纠正尚某某团伙等所涉“套路贷”虚假诉讼案件。

（四）对虚假诉讼人建立黑名单

广东佛山中院民一庭自 2019 年起，针对涉嫌虚假诉讼和“套路贷”犯罪案件建立失信人黑名单制度，对上述两类案件进行统一备案登记。截至 2022 年 10 月，名单已经记载 28 件案件的当事人信息。这些案件主要集中于民间借贷领域，也零星见于离婚纠纷、离婚后财产纠纷、合伙纠纷、产品责任纠纷、追偿权纠纷、与公司有关纠纷等。

（五）对虚假诉讼开展诉源治理

苏州市吴江区法院制定全国首份《破产企业劳动争议处置衔接会商纪要》及配套工作意见，强化破产企业劳动人事争议处置衔接，畅通破产企业职工维权路径，甄别破产企业职工虚假诉讼，保护破产企业劳动者和债权人合法权益。截至2023年6月，该院累计71次向区检察院、区人社局通报389家破产企业涉案信息；区人社局引导21家破产企业74位劳动者直接向破产管理人申报债权；区检察院在2批次案件中落实诉中介入监督责任，通过三方努力，涉破产企业劳动人事争议案件得以精细审理、准确裁判，实现虚假诉讼“零发生”和相关主体皆满意的审判效果。

（六）以协调联动促查处质效

查处整治虚假诉讼涉及立审执多个诉讼环节、公检法司等多个部门，需要协同推进、部门联动。

一是立审执协同。多地法院建立了查处虚假诉讼立审执协同机制，通过立案预警、依职权调查、执行审查，加大对虚假诉讼的查处力度。江苏高院建立“一检索、二集中、三并案”的办案模式，提高办案实效。首先，建立强制检索制度，在立案、审理、执行各环节全面建立关联案件强制检索制度，运用前述“三大系统平台”，比对是否存在“套路贷”虚假诉讼疑似情形。其次，坚持“集中审理”，三级法院均将民间借贷案件集中到一个部门审理，将人民法庭的民间借贷案件集中到院本部审理，统一裁判尺度。最后，坚持并案审查，将关联案件集中到同一个合议庭或同一独任法官进行审理，提升防范打击效率与精准度。通过集中比对分析，阎某、郑某某等存在“砍头息”、出具多份条据、软暴力讨债等情形的“套路贷”虚假诉讼案件被依法再审纠正。

二是部门联动。各地法院通过发司法建议、建协调机制等方式加强与其他司法机关、行政部门、有关单位的协同联动，提高虚假诉讼整治质效。针对金融放贷领域发现的虚假诉讼等问题，江苏法院及时向有关机关和单位提出司法建议100多份。例如，南通启东法院就律师和法律工作者在代理民间借贷案件中存在虚构事实、伪造证据等违法违规行为向启东市司法局发送司法建议。

（七）以培训警示强法院队伍

查处虚假诉讼难在识别。河北等地法院将甄别和查处虚假诉讼纳入法官培训范围，组织法院干警学习掌握相关法律政策，强化办案人员对虚假调解协议司法确认、虚假仲裁裁决和虚假公证债权文书申请执行的审查力度，提高干警查处虚假诉讼的能力。某高院联合驻省法院纪检监察组拍摄《防线》警示教育片，聚焦法官参与办理虚假诉讼等违纪违法问题，深入剖析法官被腐蚀、被“围猎”的原因，引导法院干警知敬畏、存戒惧、守底线。

三、比较法分析

严厉打击虚假诉讼是各个国家和地区通行的做法，主要采取四个方面的措施。

（一）对虚假诉讼人处以刑罚

例如，美国联邦民事诉讼规则针对当事人和证人还设置了宣誓制度，宣誓由法官主持，如果在宣誓之后作出虚假陈述，可构成伪证罪，最高可被判处五年有期徒刑。美国还制定统一欺诈性转移法案，对于原、被告恶意串通虚构债务而转移财产或者逃避债务的情形作了规制，只要诉讼行为有恶意串通和欺诈转移的情形，就属于规制范围。

意大利刑法典第二编“重罪分则”第三章“侵犯司法管理罪”第一节“妨害司法活动的犯罪”第374条、第375条对虚假诉讼犯罪行为作了规定。第374条是总括性规定，规定了民事诉讼程序、行政诉讼程序以及刑事诉讼程序中，以欺骗正在进行调查或者司法实验的法官为目的，有意改变有关地点、物品或人身状况的，处以一年至五年有期徒刑。

日本刑法典第 172 条规定：以给予他人刑事或纪律处分为目的，进行诬告、虚假诉讼或其他类似检举的，处三个月以上十年以下有期徒刑。该犯罪之构成要件为：为了使该人受到刑事处罚或纪律处分；诉讼或举报的内容与客观事实不符，足以影响到刑事责任或纪律处分的成立；向有权采取刑事处罚或纪律处分的机关进行诉讼或举报，足以使该机关发动程序。

我国香港特别行政区刑法将虚假诉讼作为诈骗罪打击。根据我国台湾地区所谓刑法的规定，虚假诉讼行为可构成诈欺罪、伪造文书类相关犯罪或者诬告罪。

（二）虚假诉讼人承担损失赔偿责任

例如，美国侵权法重述规定，民事恶意诉讼的受害人可以提起侵权损害赔偿之诉。美国康涅狄格州注释法规第 52 编民事诉讼第 925 章法定诉讼权和辩护第 52-568 条对虚假诉讼行为规定了惩罚性赔偿制度。该条规定，任何人无正当理由以自己或他人的名义对他人提起任何民事诉讼或投诉，应向该他人支付双倍损害赔偿金；如果原告无正当理由起诉他人并怀有恶意，不公正地骚扰和困扰该他人，应向他人支付三倍损害赔偿金。

（三）对虚假诉讼人处以罚金

例如，我国台湾地区所谓民事诉讼法第 449-1 条规定，上诉系出于恶意、不当目的或者重大过失，且上诉缺乏事实和法律依据的，法院可对上诉人、法定代理人和诉讼代理人处以罚款。

（四）撤销基于虚假诉讼作出的裁判并由原告负担诉讼费用

例如，英国最高法院诉讼规则第 18 条规定“如果诉讼文件是虚假的、有恶意的非法企图的、骇人听闻的，法院应予以撤销”。英国民事诉讼规则第3.4条规定，当事人滥用诉讼程序，法院可撤销案件，判令原告向被告支付诉讼相关费用。

四、存在问题

（一）对虚假诉讼认定标准的认识不统一

民事诉讼法第一百一十五条和《最高人民法院、最高人民检察院、公安部、司法部关于进一步加强虚假诉讼犯罪惩治工作的意见》第二条、《最高人民法院关于深入开展虚假诉讼整治工作的意见》第二条均规定，只有捏造民事案件基本事实提起诉讼才构成虚假诉讼。调研中发现，公安机关、检察机关与法院、刑事法官与民事法官、不同法官之间对于虚假诉讼认定标准的认识存在较大差异，主要有以下三种情况。

一是对关于虚假诉讼相关规定不了解，认为当事人虚构事实或者隐瞒事实提起诉讼的行为均构成虚假诉讼，甚至认为当事人只要动机与法律规定或者公序良俗不符就构成虚假诉讼。例如，将当事人起诉所依据的事实真实但通过制造连接点选择管辖法院的行为认定为虚假诉讼，或者将夫妻感情未破裂的情况下因其他原因希望离婚而提起的离婚诉讼认定为虚假诉讼。

二是对捏造民事案件基本事实作狭义理解，认为只有虚构全部案件事实或者隐瞒了债务已经清偿的事实提起诉讼才构成虚假诉讼。即只有“全假”的诉讼才是虚假诉讼。

三是将原告是否捏造其诉讼请求所依据的要件事实作为认定虚假诉讼的标准。例如，在商品房买卖双方已经订立房屋买卖合同但原告隐瞒倒签合同事实的情况下，如果购房人提起的是商品房买卖合同纠纷之诉，就不属于虚假诉讼。因为商品房买卖合同签订时间是否倒签对原告诉讼请求是否成立没有直接影响；如果购房人提起的是执行异议之诉，就属于虚假诉讼，因为根据《最高人民法院关于人民法院办理执行异议和复议案件若干问题的规定》第二十九条规定，“在人民法院查封之前已签订合法有效的书面买卖合同”是购房人诉讼请求成立的必要条件。

（二）对虚假诉讼的裁判方式不统一

原告起诉所依据的事实为虚构事实，其诉讼请求缺乏事实依据，不应支持，但对于人民法院是应当驳回原告起诉还是应当驳回原告诉讼请求的问题，各地裁判方式不统一。有的法院依据民事诉讼法第一百一十五条规定，驳回原告的诉讼请求。有的法院则依据《最高人民法院关于在审理经济纠纷案件中涉及经济犯罪嫌疑若干问题的规定》第十一条规定，认为原告起诉涉嫌虚假诉讼罪，裁定驳回原告起诉。

（三）虚假诉讼案外人程序权利保障有待加强

虚假诉讼人既包括当事人也包括其他诉讼参与人和案外人。实践中存在未听取案外人意见的情况下，直接认定原告与案外人恶意串通，提起虚假诉讼，对案外人处以罚款或者拘留的情况。案外人不服罚款或者拘留决定，申请复议，复议法院如果不当面听取案外人意见，直接对复议申请作出处理，就会导致案外人在没有当面向人民法院陈述意见的情况下就被认定为虚假诉讼参与人并被处以罚款或者拘留。

（四）虚假诉讼刑民衔接机制有待完善

依据《最高人民法院、最高人民检察院关于办理虚假诉讼刑事案件适用法律若干问题的解释》（以下简称《虚假诉讼刑事案件司法解释》）第二条的规定，当事人依据捏造的案件基本事实产生了以下后果，就构成虚假诉讼罪：一是人民法院基于捏造事实采取财产保全或者行为保全措施；二是人民法院开庭审理，干扰正常司法活动；三是人民法院基于捏造的事实作出裁判文书、制作财产分配方案，或者立案执行基于捏造的事实作出的仲裁裁决、公证债权文书。依此标准，实践中查明的虚假诉讼基本上都构成虚假诉讼罪。这种情况下，查处虚假诉讼的人民法院应当将犯罪线索移送公安机关，由公安机关立案查处涉嫌虚假诉讼犯罪的行为，但实践中存在未及时移送线索和移送线索后不向移送法院反馈处理结果的情况。

（五）虚假诉讼赔偿制度不健全

调研发现，人民法院查处虚假诉讼后，救济受害人的主要途径是通过审判监督程序对虚假诉讼裁判依法纠错。很少有受害人起诉请求虚假诉讼人赔偿损失，有必要进一步健全虚假诉讼赔偿制度。

（六）整治虚假诉讼未形成常态化机制

2021 年，最高人民法院曾对全国法院整治虚假诉讼工作进行调研。从前后两次调研的情况看，目前整治虚假诉讼的成果集中于“扫黑除恶”打击“套路贷”等违法借贷行为期间。除苏州劳动法庭对当地劳动争议中的虚假诉讼进行集中排查外，其他法院对虚假诉讼的集中排查主要集中在民间借贷领域。这也是民间借贷领域查处虚假诉讼多的原因之一。人民法院整治虚假诉讼尚需进一步完善常态化治理机制。

五、问题原因

虚假诉讼表现出反复性和顽固性的特点，主要有以下原因。

（一）信息不对称和民事诉讼机制决定了虚假诉讼查处难

信息不对称是人民法院查处虚假诉讼的最大障碍。从程序设计上看，民事诉讼是通过诉辩双方对抗、举证、辩论来发现案件事实。虚假诉讼当事人之间互相串通，伪造证据、虚构事实，使案件表面上达到事实清楚、证据充分的证明标准，不能形成真正对抗，人民法院很难审查出民事法律关系的不真实性，真正的受害人也因不知情而无法提出抗辩。在单方捏造的虚假诉讼中，如果被告缺席审判，当事人之间也无法形成真正对抗。人民法院仅有一般的调查权，虚假诉讼案件当事人往往不配合司法机关调查，办案人员即使怀疑存在虚假诉讼，通常也很难取得确切证据予以证明。处分原则是民事诉讼一项基本原则，当事人享有依法处分自己民事实体权利和诉讼权利的自由。一方当事人承认对方主张，很难判别是基于诚信认可自己债务，还是恶意损害第三方利益。部分法院反映，因担心虚假诉讼，很多法官已不敢轻易调解。人民法院与当事人之间严重的信息不对称和民事诉讼通过双方对抗辩论来查明案件事实的制度，决定了人民法院查处虚假诉讼难度高。

（二）大数据信息技术优势未充分发挥

大数据技术在司法领域的运用对准确、全面甄别虚假诉讼创造了条件。但目前司法大数据技术在甄别虚假诉讼方面的作用尚未充分发挥。一是在智能化和算法方面，司法大数据的挖掘和运用有待进一步深化。例如，司法大数据对同一当事人关联诉讼的智能识别和分析、对同类虚假诉讼模式的识别和分析、对当事人之间身份和经济关系的识别、虚假诉讼甄别系统的自我学习和完善能力等都有待进一步挖掘和提升。二是在大数据来源方面，目前司法人员对虚假诉讼的识别更多依赖中国裁判文书网。这不利于对正在诉讼中或者正在立案的虚假诉讼进行识别，也不利于打击通过诉讼和仲裁等多种方式协同推进虚假诉讼的行为。三是在系统化方面，如何构建贯穿立案、审判、仲裁、执行各个环节的虚假诉讼识别和查处系统，是目前亟待解决的问题。发挥立案的预警功能、审判的查处功能、执行的核查功能，对“疑似”虚假诉讼进行全过程标记，在立案、审判、执行过程中对标记案件进行重点查处，有助于提高虚假诉讼案件的甄别效率。人民法院与公安、检察以及金融监管机构等行政主管部门之间未建立有效的信息交换和沟通协调机制，不同地方法院掌握的虚假诉讼信息未互联互通，信息孤岛现象具有一定普遍性。

（三）违法收益高于成本产生负面激励

能否遏制虚假诉讼取决于虚假诉讼人预期收益是否低于预期成本。根据现行法律规定，惩治虚假诉讼主要有三个手段：一是判驳，一旦发现当事人有虚假诉讼行为，人民法院将判决驳回其诉讼请求；二是处罚，人民法院对虚假诉讼人可处以罚款或司法拘留；三是刑罚，对犯有虚假诉讼罪的当事人，人民法院应对其判处刑罚。就判驳而言，虚假诉讼人胜诉将获得高额违法利益，败诉只损失诉讼费用；就处罚而言，个人罚款不超过 10 万元，单位罚款不超过 100 万元，司法拘留不超过十五日，与虚假诉讼获得的利益不成正比；就刑罚而言，目前追究虚假诉讼人刑事责任的案件总体看占比不高，刑罚对虚假诉讼人的震慑力有待进一步加强。比较虚假诉讼的违法成本和违法收益时，必须要考虑追责概率。虽然缺少准确数据，但从调研座谈反映情况看，虚假诉讼人被查处和追责概率有待提高。只有提高被追责概率，才能有效提高虚假诉讼行为的违法成本，遏制虚假诉讼行为。

（四）司法工作人员查处虚假诉讼的激励有待加强

我国民事诉讼制度以当事人辩论主义为基础、职权探知主义为辅助。虚假诉讼当事人之间缺乏有效对抗，无法通过当事人辩论来发现案件事实，导致当事人辩论主义失灵。如果要求人民法院依职权查明案件事实，会占用法官大量时间和精力。而且甄别、查处虚假诉讼案件，不仅需要深厚的法律专业知识，还需要丰富的社会实践经验，熟悉国家社会经济政策以及高度的司法为民责任心。实践中既存在甄别、查处能力不强，审判经验不丰富的问题，也存在司法为民责任心有待提高的问题。更重要的是，在绩效考核上，如果不将查处虚假诉讼作为加分项，司法工作人员就会缺少查处激励。这将导致有的疑似虚假诉讼案件不能得到最终认定。如果虚假诉讼人只需面临诉讼费用成本，不需要承担拘留、罚款、民事赔偿责任和刑事责任，将会明显降低违法成本。

（五）虚假诉讼查处制度有待健全

虚假诉讼集中在民事领域。刑事上已制定专门司法解释规范虚假诉讼罪的认定和处罚，但民事领域尚未制定专门司法解释对虚假诉讼的认定和责任划分作出规定。哪些情形属于虚假诉讼、如何保护被认定为虚假诉讼参与人的程序权利、对虚假诉讼受害人如何赔偿、哪些情况下必须移送犯罪线索等问题尚缺乏明确依据。

（六）规则制定需要有博弈思维

虚假诉讼的发展体现为规则制定者与被规制者之间反复博弈的过程。虚假诉讼本质上是通过诉讼手段以合法表象追求违法利益，具有政策周期性。例如，为规避限制高利贷的规定，部分当事人出据虚假借条，并主张是现金交付；而人民法院加大对现金交付的审查力度后，部分当事人又通过明转账借款、暗现金还款的方式规避。随着经济社会发展，国家相应地出台新的调控管理政策。不诚信者如果利用诉讼手段来规避政策，就会增加新的虚假诉讼类型。规则制定天然具有抽象性和滞后性。提高规则制定的前瞻性、科学性，细化政策和法律规范、完善政策和法律规定、协调好不同政策和法律之间的关系，有利于从源头上防范虚假诉讼。

规则制定者与被规制者之间的博弈，从短期看是单次博弈，从长期看是多次反复博弈。在制定规则时，需要考虑被规制对象追求自身利益最大化会采取什么对策，提前做好预防，这有利于防范虚假诉讼。尊重市场规律，多从激励的角度而非禁止的角度引导市场健康发展，也有利于防范政策套利型虚假诉讼。博弈思维的核心是，在预见对方可能采取对策的基础上，作出最优策略选择。法律和政策的前瞻性要求规则制定者对被规制者对于拟制定的监管制度可能采取的策略作出准确预测，并在制定政策时对这些策略作出应对。例如，对购房消费者就房屋享有的债权予以优先保护有利于维护社会公正，但赋予购房合同以对抗第三人的效力，会损害交易安全，为当事人恶意串通通过虚假执行异议之诉逃避强制执行和逃废债提供可乘之机。如果在制定规则时就将规制对象所可能采取的策略作出准确预判，并根据自身的政策目标作出最优政策选择，就会极大压缩“监管套利”的空间，铲除滋生虚假诉讼的制度土壤。

六、工作建议

为建立常态化的虚假诉讼查处机制、进一步加大人民法院整治虚假诉讼工作力度，贯彻诉讼诚信，保护当事人合法权益，树立司法权威，建议开展以下工作。

（一）发布人民法院打击虚假诉讼典型案例

进一步贯彻落实最高人民法院关于以更实举措打击通过虚假诉讼逃废债要求，发布人民法院打击虚假诉讼典型案例，指导各地法院查处和惩治虚假诉讼违法行为，保护当事人合法权益，引导当事人诚信诉讼。

（二）将甄别虚假诉讼纳入“一张网”建设需求

充分发挥大数据和算法对甄别虚假诉讼的作用。在最高人民法院“一张网”建设中建议增加虚假诉讼统计指标和同一当事人关联诉讼提醒，借鉴江苏等地经验，建立虚假诉讼智能预警系统，嵌入各地法院建立的虚假诉讼人名录，通过多维度立体检索比对，在民间借贷、劳动争议、执行异议之诉等虚假诉讼重点领域建立虚假诉讼立案预警机制，对预警案件加强依职权调查取证、慎重调解。

（三）完善人民法院查处虚假诉讼的制度规则

针对实践中对虚假诉讼认定标准、裁判方式不统一等问题，就虚假诉讼的认定、虚假诉讼案外人的程序权利、虚假诉讼赔偿责任、虚假诉讼刑民衔接、依法纠错等制定司法解释或者司法政策，明确规则、统一尺度。

（四）将查处虚假诉讼纳入法官绩效考核

查处虚假诉讼不仅会增加法官工作负担，也会增加法官面临的信访风险。实践中，由于缺少考核激励，法官在面临较大办案压力的情况下，缺少查处虚假诉讼的动力，导致实践中对虚假诉讼疑而不查、查而不罚的现象较为突出。绩效考核时，对查处虚假诉讼、对虚假诉讼人处以罚款、拘留或者移送犯罪线索的法官应当增加考核分值，对于高度可疑虚假诉讼未采取适当查处举措的法官应当扣分。这既能够反映法官的工作绩效，也能增加法官查处虚假诉讼的激励。

（五）将查处虚假诉讼纳入法官培训计划

查处虚假诉讼需要法官熟悉相关法规、具有丰富的办案经验，建议将查处虚假诉讼纳入法官培训计划，通过法官教法官的方式提高民事法官查处虚假诉讼的意识和能力。

【民一庭法官会议纪要】

购房消费者的债权人无权代位提起执行异议之诉

（最高人民法院民事审判第一庭2023年第50次专业法官会议）

【法律问题】

审判实践中，对于购房消费者的债权人是否有权代位提起执行异议之诉的问题，存在不同认识。

【法官会议意见】

最高人民法院民事审判第一庭2023年第50次专业法官会议讨论认为：《中华人民共和国民法典》第五百三十五条第一款规定："因债务人怠于行使其债权或者与该债权有关的从权利，影响债权人的到期债权实现的，债权人可以向人民法院请求以自己的名义代位行使债务人对相对人的权利，但是该权利专属于债务人自身的除外。"依据该规定，专属于债务人自身的权利不能由债权人代位行使。尚未取得房屋所有权的购房消费者提起执行异议之诉的权利，是为特别保护购房消费者利益而设立，专属于购房消费者自身，不宜由其债权人代位行使。购房消费者未提起执行异议之诉，其债权人依据前述规定提起执行异议之诉的，人民法院不予受理；已经受理的，依法驳回起诉。

自然人之间的借款合同约定了利率但未明确是月利率还是年利率的，不应当视为没有利息

（最高人民法院民事审判第一庭 2023 年第 56 次专业法官会议）

【法律问题】

审判实践中，对于自然人之间的借款合同约定了利率但未明确是月利率还是年利率的，是否应当视为没有利息的问题，存在不同认识。

【法官会议意见】

最高人民法院民事审判第一庭 2023 年第 56 次专业法官会议讨论认为：《中华人民共和国民法典》第六百八十条第三款规定："借款合同对支付利息约定不明确，当事人不能达成补充协议的，按照当地或者当事人的交易方式、交易习惯、市场利率等因素确定利息；自然人之间借款的，视为没有利息。"自然人之间的借款合同如果约定了利率但未明确是月利率还是年利率，属于对支付利息作了明确约定，只是对利率标准约定不明。人民法院可以依据当事人之间的交易习惯等因素对利率作出认定。

死亡受害人近亲属范围之外的人不享有死亡赔偿金、精神损害抚慰金请求权

（最高人民法院民事审判第一庭 2023 年第 56 次专业法官会议）

【法律问题】

审判实践中，对于死亡受害人近亲属之外的民事主体是否享有死亡赔偿金、精神损害抚慰金请求权的法律适用问题，存在不同认识。

【法官会议意见】

最高人民法院民事审判第一庭 2023 年第 56 次专业法官会议讨论认为：依据《中华人民共和国民法典》第一千一百八十一条第一款以及参照《最高人民法院关于审理道路交通事故损害赔偿案件适用法律若干问题的解释》第二十三条的规定，被侵权人死亡的，有权请求侵权人承担死亡赔偿金、精神损害抚慰金责任的民事主体为被侵权人的近亲属，近亲属之外的民事主体不享有上述权利。近亲属的范围依据《中华人民共和国民法典》第一千零四十五条第二款的规定确定。死亡赔偿金、精神损害抚慰金不属于遗产。

约稿函

《民事审判指导与参考》由最高人民法院民事审判第一庭编。自2000年创办以来，本书以传播最高人民法院民事审判政策和指导意见、介绍最高人民法院和全国地方各级人民法院的优秀审判工作经验以及审判实践中疑难问题的解决思路为己任，对全国法院民事审判工作起到了重要的指导与参考作用，并为全国民事审判工作人员及其他关注、研究民事审判工作的法律工作者提供了一个广阔、互动的交流平台。为了能够有更多优秀稿件更好地反映各地民事审判研究成果，特在此向全国法院系统人员征集与民事审判相关的稿件：

【业务文章】主要收录民事审判实体法律适用以及裁判方法、审判理念等方面的文章，文章应立足审判实践，言之有物、论证有据、观点明确，切忌拖沓，每篇6000字左右为宜。

【地方法院案件解析】主要收录各地法院审结具有典型性和一定指导意义的案件，主要包括基本案情、审判情况及对涉及的法律问题的评析。每篇文章不超过5000字。

【热点调研】主要收录各地法院针对民事审判实践中的新情况、新问题进行调研形成的调研成果，调研文章应当数据翔实、分析论证透彻，并提出相应的意见和建议。每篇文章以1万字左右为宜。

【地方法院传真】主要收录各地法院有关民事审判工作的规范性意见和文件等，为各地法院提供一个信息共享、经验交流的平台。

来稿请发送到以下电子邮箱，并注明联系人电话等联系方式，写作规范及体例请参照已出版图书相应栏目的文章。

联 系 人：张一宸

电　　话：010-67556755

电子邮箱：zuigaofaminyiting@ 163. com

最高人民法院民事审判第一庭

《民事审判指导与参考》编辑部